材料入れて
コトコト
煮込むだけ
レシピ

堤 人美

主婦の友社

Contents

04　　はじめに

Part 1
メイン食材2品で作る！
シンプルコトコト
07

[野菜×肉or魚]
- 08　焼きつけふろふき大根とソーセージの煮込み
- 10　まるごとなすと豚肉のこっくり煮
- 12　ごぼうと牛肉のはちみつ黒酢煮
- 13　じゃがいもとたらの北欧風スープ
- 14　れんこんとひき肉の辛みそ煮込み
- 15　大根と鶏肉のエスニックスープ
- 16　塩肉じゃが
- 17　パプリカと手羽元のバルサミコ煮
- 18　割りれんこんと鶏肉の塩麹スープ
- 19　ぶつ切りごぼうと豚肉のホワジャオスープ
- 20　焼き里いものごまみそ豚汁
- 21　ピーマンと豚肉の甘酢いため煮

[野菜×野菜]
- 22　ごろごろにんじんとトマトのスープ
- 24　さつまいもとキムチのコチュジャン煮
- 25　まるごと玉ねぎと水菜のスープ
- 26　カリフラワーとたっぷりねぎのミルクスープ
- 27　半割り玉ねぎのトマト煮込み
- 28　Wねぎのオイル蒸し煮
- 29　じゃがいもとにんにくの白いスープ

[組み合わせバリエ]
- 30　手羽先と卵のオイスターソース煮込み
- 32　大根とちくわの昭和風おでん
- 33　かぶと押し麦のスープ

34　Column ❶　コトコトにおすすめ！ ハーブ＆スパイスカタログ

Part 2
野菜のうまみを味わう！
ベジコトコト
35

- 36　白菜とハムの蒸し煮
- 38　根菜と手羽元の塩煮込み
- 39　レンズ豆とベーコンのトマト煮込み
- 40　ズッキーニとグリーンピースのタジン風
- 42　まるごと！ ロールキャベツ
- 43　大根とにんじんのフレッシュトマト煮込み
- 44　いちじくと豚肉のタジン風
- 45　レタスシューマイ
- 46　ソーセージのシュークルート風

＼コトコト／

Part 3
おもてなしにぴったり！
ごちそうコトコト

47

[牛肉]
- 48 牛すじ肉のオリエンタルラグー
  （49 牛すじ肉の香味野菜煮）
- 50 牛すじ肉と長いものさんしょうおでん
- 51 牛すじ肉のピリ辛みそ煮込み
- 52 牛すね肉の赤ワイン煮
- 53 牛すね肉とまるまるかぶのスープ

[豚肉]
- 54 豚角煮
- 56 豚肉のシードル煮込み
- 57 スペアリブのアドボ
- 58 塩豚ポトフ
- 59 豚肉のプルーン煮込み

[鶏肉]
- 60 鶏もも肉のハーブトマト煮込み
- 62 タッカンマリ
- 63 骨つきチキンのビネガー煮込み
- 64 鶏肉とペコロスの粒マスタードクリーム煮込み
- 65 手羽元ととうがんの煮込み

[ひき肉&ラム肉]
- 66 デミグラス煮込みハンバーグ
- 68 ラムじゃがのドライトマト煮込み
- 69 パプリカの肉詰め グラーシュ風

[魚]
- 70 アクアパッツァ
- 72 いわしとオリーブのトマト煮込み
- 73 さんまのコンフィ

[パスタ&ごはん]
- 74 きのこたっぷり！クリーム煮込みパスタ
- 76 炊き込みピビンパ
- 77 鶏ささ身入り五穀米と緑豆のおかゆ

78　Column ❷　コトコトに合わせるならコレ！主食カタログ
クスクス／タリアテッレ／変わりバターバゲット2種

Part 4
絶対おいしい！
カレー&シチューコトコト

79

- 80 欧風カレー
- 82 大根の和風カレー
- 83 スパイシーチキンカレー
- 84 濃厚ビーフシチュー
- 86 豚肉とかぼちゃのクリームシチュー
- 87 とろとろキャベツのボルシチ

88　Column ❸　コトコトしている間にもう1品！つけ合わせカタログ
マッシュポテト／香菜とグレープフルーツのサラダ／カリフラワーとりんごのピクルス／ほっくりじゃがいも

90　番外編
とろりと甘い、大人のデザート
フルーツコトコト

- 90 いちじくのバニラコンポート
- 92 パインとオレンジの香りコンポート
- 92 りんごのきび砂糖煮

94　**コトコト時間別！　Index**

はじめに

時間はかけても、手間は少なく。
それが「コトコト」料理です。

コトコト煮込む料理のもち味は、肉に野菜、魚介にじっくりと火を通し、食材本来のうまみを引き出してくれることにあります。さすがに5分や10分では作れませんが、時間がもたらす豊かな風味や深みのある味わいは格別なもの。この本では、シンプルなものから本格的な煮込み料理まで、「作りたい！」と思わずにはいられない珠玉のレシピをとりそろえました。寒さで体が冷えた日に。週末の夕暮れどきに。食べたくなるのはきっと、心がほっとする料理。そんなときこそ、ゆるりと時間にまかせて作るのも、いいものです。

＼いいこといっぱい！／
煮込み料理の特徴とは？

野菜がたくさん食べられる

じっくりと加熱することで、野菜本来の甘みが引き出されます。口あたりがやわらかくなり、かさも減るので、無理なくたくさんの量を食べられるのがうれしい！

かたい肉もほろりとやわらかく！

短時間の調理ではおいしく食べるのが難しい、かたいすじ肉やかたまり肉も、煮込むほどにおいしくなります。口の中でほろりとくずれるやわらかさとうまみは絶品！

あらかじめ作っておける

時間がたつと水けが出てしまうサラダやいため物とは違い、煮込み料理は時間のあるときに作っておくことができます。あとは食べるときにあたため直せばOK。

ポイントを押さえて煮込み上手に！
煮込みをおいしく作るコツ

香味野菜やハーブを活用
肉のくさみをとったり、風味をアップさせる香味野菜やハーブは欠かせません。セージやタイムといった数種のハーブをとり合わせて使う、ブーケガルニも便利です。

野菜は"蒸しいため"！
野菜をいためてから使うときは、さっといためてからふたをします。野菜から水分が抜け、ほどよく焦げがつきますが、それがうまみのもととなり、味に深みを出します。

肉や魚介の下味は鉄則
下味をつけるのは、味つけはもちろんですが、食材特有のくさみをとるため。何もしないまま煮込むと、くさみが出てしまったり、味もぼやけてしまいます。

脂の多い肉は下処理が必須
脂肪分の多い肉はそのまま煮込んでしまうと脂っぽくなり、味も入りにくくなります。必ず焼く、ゆでこぼすなどの下処理をし、余分な脂を出してから煮込みましょう。

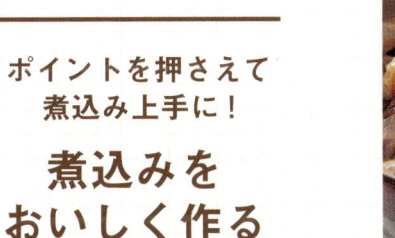

焼きつけてうまみ封じ
肉は煮込む前にあらかじめ表面を焼きつけておくと、余分な脂が抜けてうまみをとじ込めます。野菜も同様。こんがりと焼いた香ばしさがおいしさの決め手に。

粉は加熱の直前につける
肉に粉をつけることでうまみやおいしい脂をとじ込め、スープにとろみをつける効果も。粉をつけてから時間がたつとベチャッとしてしまうので、加熱直前につけます。

アクは丁寧に除く
肉や野菜を加熱すると出る白い泡のようなアク。これが残っていると口あたりが悪く雑味も出ます。丁寧にとり除いておくと汁がにごらず、仕上がりもきれいです。

お酢の力は絶大！
酢は肉をやわらかくするだけでなく、味に奥行きを出してくれるので、ちょっと入れるだけで味がきりっと締まります。バルサミコ酢などはコク出しにも有効。

おすすめはコレ！
煮込みに使うなべについて

厚手のなべで
おいしさを引き出す！

時間をかけて加熱する煮込み料理に使うべきは、厚手のなべ！ 薄手のなべだと材料が急速に加熱されてしまい、中までじっくり火が通る前に焦げつきがちです。おすすめは「ストウブ」や「ル・クルーゼ」の製品に代表される、鋳物ホウロウ製のなべ。また、土なべも◎。これらは熱のまわりが均一で焦げつきにくく、保温力も十分、途中で材料を加えた場合でも、急速に温度が変わることがありません。

作るときはココを見る！
この本の使い方

材料をいためたり、煮込むのにかかる時間をアイコンにしています。使用するなべによって差が出るので、目安にしてください。また、野菜の下準備、つけ込む、水にさらすなどの時間は含まれていません。

材料の下処理や下味の工程です。料理によっては前日またはその前からの作業が必要なものもあるので、参考にしてください。

- 小さじ1は5mℓ、大さじ1は15mℓ、1カップは計量カップの200mℓです。ただし米の場合は炊飯器についているカップで、1カップは180mℓ（1合）です。
- 火かげんは、特に指定のないかぎり、中火で調理しています。
- この本のレシピは厚手のなべを基準にしています。薄手のなべを使う場合は、水分がとびやすいので焦げに注意し、調理時間は様子を見ながら調整してください。
- 電子レンジの加熱時間は、600Wのものを使用した場合の目安です。500Wなら1.2倍を目安に、時間を調整してください。また、機種や材料の個体差により加熱時間が多少異なることがありますので様子を見ながらかげんしてください。
- 野菜類は、特に指定のない場合は、洗う、皮をむくなどの作業をすませてからの手順を説明しています。
- だしはこぶ、削り節、煮干しなどでとった和風だしのことを指します。市販の即席だしを使う場合は、パッケージの表示どおりに湯にとかすなどして用意してください。また、塩分が含まれていることがありますので味を確かめて調味してください。顆粒コンソメは洋風スープのもとを、鶏ガラスープのもとは中華風スープのもとを使用しています。
- 調味料類は、特に指定がない場合、しょうゆは濃い口しょうゆ、小麦粉は薄力粉、砂糖は上白糖を使っています。こしょうは白こしょう、黒こしょうを好みでお使いください。
- 煮込んでいる途中、ときどきまぜるなどして、様子を見てください。

Part
1

メイン食材2品で作る！
シンプルコトコト

メイン食材は、たったの2つでOK！の
気負わず作れるシンプル煮込みです。
肉や魚を野菜といっしょに煮込んでも、
味わいの異なる野菜どうしを煮込んで
その滋味を味わってもよし。
毎日のおかずにもおすすめです！

お互いのよさが引き立つ組み合わせ

野菜×肉or魚

焼きつけふろふき大根とソーセージの煮込み

ソーセージとスープのうまみを大根にたっぷりと吸わせてめし上がれ。

ほどほどコトコト **35 min.**

材料［2人分］

- **大根** …… 8cm（400g）
- **ウインナソーセージ** …… 4本
- A
  - 水 …… 3カップ
  - 顆粒コンソメ …… 小さじ½
  - 酒 …… 大さじ2
  - しょうゆ …… 小さじ1
  - ローリエ …… 1枚
- B
  - みそ（あれば白）…… 大さじ2
  - マスタード …… 小さじ1
- オリーブ油 …… 小さじ2

08　野菜×肉or魚

Part 1 2品でコトコト

準備
大根は 2 cm厚さの輪切りにし、片面に格子状に切り目を入れる（ⓐ）。

How to

① 大根を両面焼きつける

なべにオリーブ油を熱し、大根を強めの中火で 2 分30秒ずつ両面焼きつける（ⓑ）。

② 残りの材料を加えて煮込む

A、ソーセージを加えてひと煮立ちさせ、ふたをして弱火で30分ほど煮込む（ⓒ）。

③ みそマスタードを作る

器に盛り、まぜ合わせた B（ⓓ）を添える。

まるごとなすと豚肉のこっくり煮

まるごと煮込んだ
なすがトロトロに！
ごはんがたくさん
食べられるしょうゆ味。

ちょいコトコト
30 min.

Part 1 2品でコトコト

材料 [2人分]
なす …… 4個
豚こまぎれ肉 …… 200g
しょうが（せん切り）…… 1かけ
A ┌ だし …… 1.5カップ
　│ 酒、砂糖 …… 各大さじ2
　└ しょうゆ …… 大さじ2.5
ごま油 …… 大さじ1

準備
なすはへたを除き、皮に縦に数本切り目を入れる。

How to

1

なすをいためる
なべにごま油を熱し、なすを中火でいためる。こんがりするまで5分ほど転がしながら焼く。

2

トロトロに煮込む
豚肉を加えてさっといため、しょうが、Aを順に加えてひと煮立ちさせ、ふたをして弱火で20分ほど煮込む。

ごぼうと牛肉のはちみつ黒酢煮

じっくりコトコト **70** min.

はちみつと黒酢でとろりと煮た、中華風。
八角をプラスして深みのある味わいに。

材料［2人分］

- ごぼう …… 2本(200g)
- 牛肉（カレー用）…… 250g
- 塩、こしょう …… 各適量
- A
  - 水 …… 1カップ
  - 黒酢 …… 大さじ4
  - 鶏ガラスープのもと …… 小さじ1/3
  - 酒 …… 大さじ2
  - はちみつ …… 大さじ1.5
  - しょうゆ …… 大さじ3
  - 八角 …… 1個
  - しょうが（皮つき・薄切り）…… 2枚
- サラダ油 …… 小さじ2

準備 ごぼうは5〜6cm長さの斜め切りにし、水に5分ほどさらす。牛肉は塩、こしょうで下味をつける。

How to

1 ごぼうと肉をいためる
なべにサラダ油を熱し、ごぼうをいためる。焼き色がついたら牛肉を加え、2分ずつ両面を焼きつける。

2 肉をやわらかく煮込む
Aを加えてひと煮立ちさせ、ふたをして弱火で50〜60分煮込む。

3 強火にして水分をとばす
ふたをとって強火にし、5分ほど煮て水分をとばす。

Point!! 肉は全面を焼きつけることでうまみをしっかり閉じ込め、煮くずれを防ぎます。

じゃがいもとたらの北欧風スープ

ちょいコトコト **25 min.**

Part **1** 2品でコトコト

魚から出ただしと、レモン＆にんにくの風味がきいたすっきり味のスープです。

材料 [2人分]
- じゃがいも …… 2個
- たら …… 2切れ
- 塩、こしょう、小麦粉 …… 各適量
- 白ワイン …… 大さじ2
- A
  - 水 …… 2カップ
  - 顆粒コンソメ …… 小さじ½
  - 塩 …… 小さじ⅓
  - レモン汁 …… 小さじ2
  - にんにく（すりおろす） …… ½かけ
- バター …… 小さじ2

準備 じゃがいもは2等分に切り、水にさらす。たらは2～3等分に切り、塩を振って10分ほどおく。出てきた水分をキッチンペーパーでふき、こしょう、小麦粉を振る。

How to

1 たらを焼く
なべにバターをとかし、たらを中火で1分30秒ずつ両面を焼き、白ワインを振る。

2 じゃがいもを加えて煮込む
Aとじゃがいもを加えてひと煮立ちさせ、ふたをして弱めの中火で20分ほど煮込む。

Point!!
たらは塩を振って余分な水分をオフ。くさみもとれ、煮たときに身がくずれにくくなります。

Point!!
れんこんは大きめに切り、焼きつけてから煮ることでシャキッとした食感を残します。

れんこんとひき肉の辛みそ煮込み

30 min. ちょいコトコト

れんこんを香ばしく焼きつけておいしさアップ！
ピリッと辛い肉みそをからめてどうぞ。

材料［2人分］

- **れんこん** …… 2〜3節（400g）
- **豚ひき肉** …… 150g
- にんにく（みじん切り） …… ½かけ
- 豆板醤 …… 小さじ⅓
- A
  - 水 …… 1.5カップ
  - みそ …… 大さじ2.5
  - 酒 …… 大さじ2
  - 砂糖 …… 大さじ1
  - 鶏ガラスープのもと …… 小さじ½
  - 酢 …… 小さじ2
- ごま油 …… 小さじ3

準備

れんこんは乱切りにし、水にさらす。Aはまぜ合わせる。

How to

1 れんこんを焼きつける
なべにごま油小さじ1を熱し、れんこんを中火で2分ずつ両面をこんがりと焼きつけ、とり出す。

2 ひき肉をパラパラにいためる
同じなべに残りのごま油を熱し、弱火でにんにくと豆板醤をいためる。香りが立ったらひき肉を加え、ほぐしながら3〜4分いためる。

3 れんこんを戻し入れ、煮込む
Aを加えて1を戻し入れ、ふたをせずに弱めの中火で20分ほど煮込む。

大根と鶏肉のエスニックスープ

鶏肉とナンプラーのうまみでだしいらず。
ついついあとを引くおいしさです。

ほどほどコトコト
35 min.

材料 [2人分]
- **大根** …… 300g
- **鶏もも肉** …… 1枚 (250g)
- A [塩 …… 小さじ⅓
　　こしょう …… 適量]
- B [水 …… 3カップ
　　にんにく（つぶしたもの）
　　　…… 1かけ
　　ナンプラー …… 大さじ1]
- 塩、こしょう …… 各適量
- オリーブ油 …… 小さじ2

準備
大根は乱切りにする。鶏肉は4等分に切り、ポリ袋に入れてAをもみ込み、15分ほどおく。

How to

1 鶏肉の表面をこんがり焼く
なべにオリーブ油を熱し、鶏肉を皮目から入れ、中火で1分30秒ずつ両面を焼く。

2 大根と水分を加え、煮込む
大根を加えてさっといため、Bを加えてひと煮立ちさせ、ふたをして弱火で30分ほど煮込む。

3 味をととのえる
塩、こしょうで味をととのえて器に盛り、好みでレモン汁と一味とうがらしを振る。

Part 1　2品でコトコト

塩肉じゃが

ごろりと入った
じゃがいもが食べごたえ満点。
くり返し作りたくなる
おいしさです。

ちょいコトコト **30 min.**

材料 [2人分]

- じゃがいも …… 4個
- 豚バラ肉 …… 150g
- 塩 …… 小さじ1
- A [水 …… 2カップ
      酒 …… 大さじ2]
- あらびき黒こしょう …… 適量
- オリーブ油 …… 小さじ2

準備

じゃがいもは皮ごと2等分に切り、水にさらす。豚肉はバットに広げ、塩をまんべんなく振って5分ほどおき、水分をキッチンペーパーでふく。

How to

1 じゃがいもをいためる

なべにオリーブ油を熱し、じゃがいもの水けをきり、3〜4分ほど中火でいためる。

2 豚肉と調味料を加え、煮込む

豚肉をのせ、Aを加えてふたをし、弱火で25分ほど煮込む。

3 盛りつける

器に盛り、こしょうを振る。

パプリカと手羽元の バルサミコ煮

バルサミコ酢で、酸味とコクのいいとこどり。
パプリカの甘みがぐっときわ立ちます。

ほどほどコトコト **40 min.**

Part 1 2品でコトコト

材料［2人分］

- パプリカ（赤・黄）…… 各2個
- 鶏手羽元 …… 4本
- A ┌ 塩 …… 小さじ1/3
  └ こしょう …… 適量
- にんにく（つぶしたもの）…… 1/2かけ
- 白ワイン …… 1/4カップ
- B ┌ バルサミコ酢 …… 1/4カップ
  └ しょうゆ、はちみつ …… 各大さじ1
- 塩、こしょう …… 各適量
- オリーブ油 …… 小さじ2

準備 パプリカは縦2等分に切って種とへたをとり、手のひらで押しつぶす。手羽元は皮目に切り目を入れ、Aで下味をつける。

How to

1 手羽元とパプリカをいためる

なべににんにくとオリーブ油を入れ、弱火でいためる。香りが立ったら中火にし、手羽元を1分30秒ずつ両面を焼き、パプリカを加えて2分ほどいため合わせる。

2 ワインで風味をつけて煮込む

白ワインを加えてさっとひとまぜし、Bを加えてふたをし、弱火で30分ほど煮込む。

3 強火でしっかり水分をとばす

ふたをとり、2分ほど強火にかけて水分をとばし、塩、こしょうで味をととのえる。

Point!!
パプリカは手のひらで押してつぶすのがコツ。味のなじみが一段とよくなります。

割りれんこんと鶏肉の塩麴スープ

ちょいコトコト **30** min.

やさしい味わいに思わずほっこり。
れんこんのサクッとした歯ざわりも楽しい！

材料［2人分］

れんこん …… 2〜3節（約300g）
鶏手羽中 …… 6本
塩麴 …… 大さじ2
A ┌ 水 …… 3カップ
　├ 昆布（3cm角）…… 1枚
　├ 酒 …… 大さじ1
　└ しょうゆ …… 小さじ½

How to

1 材料をなべに入れて煮込む

なべにれんこん、手羽中、Aを入れてひと煮立ちさせ、ふたを少しずらして弱火で30分ほど煮込む。

2 器に盛る

器に盛り、好みであらびき黒こしょうを振る。

準備

れんこんは縦に四つ割りにしてから包丁の腹でつぶし、5cm長さに切って5分ほど水にさらす。手羽中はポリ袋に入れて塩麴をもみ込み、15分ほどおく。

Point!!

れんこんは切った面を下にし、包丁の腹で押すように割ると味がよくしみます。

ぶつ切りごぼうと豚肉の
ホワジャオスープ

ほどほどコトコト **35 min.**

ホワジャオ特有の香りと刺激にリピート必至！
一度食べたらクセになることまちがいなし。

材料［2人分］

ごぼう …… 1本（100g）
豚もも薄切り肉 …… 150g
塩、こしょう …… 各適量
A ┌ ホワジャオ …… 小さじ1〜2
　│ しょうが（皮つき・薄切り）
　│ 　…… 2枚
　└ 赤とうがらし …… 2本
B ┌ 水 …… 2カップ
　│ 鶏ガラスープのもと …… 小さじ¼
　└ しょうゆ、塩 …… 各小さじ1
ごま油 …… 小さじ2
酢 …… 大さじ1

準備 ごぼうは2cm厚さに切り、水にさらす。豚肉は5mm幅に切り、塩、こしょうで下味をつける。Aの赤とうがらしは種をとる。

How to

1 肉と野菜をいためる

なべにAとごま油を弱火でじっくりといため、香りが立ったら豚肉を加え、中火で1〜2分いためたらごぼうを加えていため合わせる。

2 水分を加えて煮込む

Bを加えてひと煮立ちさせ、弱火で30分ほど煮込む。

3 酢で仕上げる

酢をまわし入れ、好みでラー油を振る。

Part 1　2品でコトコト

Point!!
里いもも豚肉も表面をしっかり焼きつけることで香ばしさとうまみがアップ。

焼き里いものごまみそ豚汁

ちょいコトコト **30 min.**

カリッと焼く＋バターづかいでおなじみの豚汁にひとワザきかせます。

材料［2人分］

- 里いも …… 4個（400g）
- 豚バラかたまり肉 …… 150g
- だし …… 3カップ
- みそ …… 大さじ2
- ごま油 …… 小さじ1
- バター …… 小さじ2
- すり白ごま …… 大さじ2

準備
里いもは皮をむき塩少々（分量外）でもんでぬめりをとり、洗う。豚肉は1cm厚さに切る。

How to

1 豚肉と里いもを焼きつける
なべにごま油を熱し、里いもと豚肉を強めの中火で5分ほど焼く。途中、出てきた脂はキッチンペーパーなどでふく。

2 だしを加えて煮込む
こんがりと焼き色がついたら、だしを加えてひと煮立ちさせ、ふたをして弱火で20分ほど煮込む。

3 みそをとき入れ、仕上げる
みそをとき入れて器に盛り、バターをのせ、すりごまを振る。

ピーマンと豚肉の甘酢いため煮

ちょいコトコト 25 min.

仕上げの酢で、味をきりっと引き締めます。
デイリーおかずにもぴったりの一皿。

材料［2人分］
- ピーマン …… 8個
- 豚バラかたまり肉 …… 150g
- しょうが（薄切り） …… 1かけ
- 豆板醤 …… 小さじ¼
- A
  - 水 …… ¼カップ
  - 砂糖 …… 小さじ2
  - 酒 …… 大さじ1
  - しょうゆ …… 大さじ1.5
- 酢 …… 大さじ1
- ごま油 …… 小さじ1

準備 ピーマンは種とへたを除き、縦2等分に切る。豚肉は1cm厚さに切る。

How to

1 豚肉を香ばしく焼く
なべにごま油を熱し、しょうがと豆板醤を弱火でいため、香りが出たら豚肉を加えて中火にし、両面を1分30秒ずつ焼く。

2 残りの材料を加え、煮込む
ピーマンを加えてさっといため、Aを加えてふたをし、弱めの中火で15分ほど煮込む。

3 強火にして水分をとばす
酢を加えて強火で2分ほどいため、汁けをとばす。

Point!! 仕上げに酢を加えることでバラ肉の脂のうまみは残しつつ、さっぱりとした口あたりに。

Part 1 2品でコトコト

野菜だけでも食べごたえアリ！
野菜×野菜

ごろごろにんじんとトマトのスープ

野菜がびっくりするくらい甘く感じます。
完熟したトマトを使うのがポイント。

じっくりコトコト
65 min.

Part 1 2品でコトコト

材料 [2人分]
にんじん …… 大1本
トマト(完熟) …… 大3個
A ┌ 水 …… 2カップ
　├ 顆粒コンソメ ……小さじ½
　├ 塩……小さじ1
　└ こしょう …… 適量
タイム …… 1本
オリーブ油 …… 大さじ1
クミン …… 小さじ1

> **準備**　にんじんは皮ごと斜め4〜6等分に切る。トマトはざく切りにする。

How to

1
トマトをじっくりいためる
なべにオリーブ油を熱し、トマトを3分ほど弱めの中火でいためる。

2
にんじんを加え、煮込む
とろりとしてきたらAとタイム、にんじんを加えてふたをし、弱火で60分ほど煮込む。

3
盛りつけてスパイスを振る
器に盛り、クミンを振る。

さつまいもとキムチの
コチュジャン煮

甘さと辛さを引きたて合う、絶妙コンビ。
いためてから蒸し煮にするのがおいしさの決め手です。

ちょいコトコト **30 min.**

材料 ［2人分］

- **さつまいも** …… 2本（約500g）
- **白菜キムチ** …… 80g
- A ┌ 水 …… 1カップ
　　├ コチュジャン …… 大さじ2
　　├ 酒、しょうゆ、
　　│ みりん、砂糖
　　│ …… 各大さじ1
　　└ しょうが（すりおろす）
　　　 …… 1かけ
- ごま油 …… 小さじ2
- すり白ごま …… 大さじ1

準備
さつまいもは皮つきのまま大きめの乱切りにし、5分ほど水にさらす。

How to

1 さつまいもとキムチをいためる
なべにごま油を熱し、水けをよくきったさつまいもを中火で3分ほど焼く。こんがりと焼けたらキムチを加えていためる。

2 火が通るまで蒸し煮にする
Aを加えてふたをし、弱火で15～20分蒸し煮にする。

3 強火にして水分をとばす
ふたをとって強火にし、3分ほど加熱して水分をとばす。仕上げにすりごまを振る。

Point!!
煮たあとはふたをあけて水分をとばすことで、さつまいもがほくほくに仕上がります。

まるごと玉ねぎと水菜のスープ

玉ねぎをまるのままだしで煮込む、和風仕立て。
箸でくずせるやわらかさがちょっと自慢！

ほどほどコトコト 40 min

Part 1 2品でコトコト

材料［2人分］
玉ねぎ……2個
水菜……⅓束
A ┌ だし……2カップ
　├ 酒……大さじ2
　└ しょうゆ……小さじ2
塩……小さじ½

準備　玉ねぎは底に十文字に切り目を入れる。水菜は3cm長さに切る。

How to

1　玉ねぎを煮込む
なべに玉ねぎとAを入れ、ふたをして弱火で40分ほど煮込む。

2　水菜とともに盛り合わせる
塩で味をととのえる。器に水菜を盛り、中央に玉ねぎをのせ、スープを注ぐ。

Memo　だしのやさしい味わいでいただくスープ。水菜はスープの熱で火を通します。

Memo
マイルドな味わいを損なわないよう、カリフラワーとねぎは焦がさないようにいためます。

カリフラワーとたっぷりねぎのミルクスープ

ちょいコトコト **25 min.**

カリフラワーとよく合う、クリーム味。
仕上げのカレー粉でパンチをきかせます。

材料［2人分］

- **カリフラワー** …… ½個（200g）
- **ねぎ** …… 1本
- A ┌ 水 …… 1.5カップ
   │ しょうが（すりおろす） …… ½かけ
   └ 顆粒コンソメ …… 小さじ⅓
- 牛乳 …… 1カップ
- 塩 …… 小さじ⅓
- 白こしょう …… 適量
- バター …… 大さじ1
- カレー粉 …… 少々

準備 カリフラワーは小さめのざく切りに、ねぎは長めの斜め切りにする。

How to

1 野菜をいためる
なべにバターをとかし、カリフラワーとねぎを中火で2分ほどいためる。

2 調味料を加えて煮込む
Aを加えてひと煮立ちさせ、ふたをして弱火で20分ほど煮込む。

3 牛乳を加えてひと煮する
牛乳を加えてひと煮立ちしたら、塩、こしょうで味をととのえる。器に盛り、カレー粉を振る。

半割り玉ねぎのトマト煮込み

じっくりコトコト 100 min.

とろんとろんに煮えた玉ねぎとトマト、
甘ずっぱさがおいしいとり合わせです。

材料［2人分］

- **玉ねぎ** …… 2個
- **トマト缶** …… 2缶
- にんにく（つぶしたもの） …… 2かけ
- A ┌ 水 …… ¼カップ
  │ 顆粒コンソメ …… 小さじ1
  │ 砂糖、しょうゆ …… 各大さじ½
  └ 塩 …… 小さじ½
- オリーブ油 …… 大さじ3

準備 玉ねぎは縦半分に切る。トマトはつぶす。

How to

1 トマトをよくいためる

なべににんにくとオリーブ油を入れて弱火で熱し、香りが立ったらトマトを加えてよくいため、オリーブ油となじませる。

2 とろとろになるまで煮込む

玉ねぎを並べ入れ、Aを加えてふたをし、弱火で1時間30分ほど煮込む。

Part 1　2品でコトコト

Wねぎのオイル蒸し煮

ちょいコトコト **15 min.**

くたくたに煮たねぎに万能ねぎをトッピング。
なべ中であえて、余熱で火を通してもおいしい！

材料［2人分］
- ねぎ …… 4本
- 万能ねぎ …… ½束
- オリーブ油 …… 大さじ2
- 塩 …… 小さじ½
- A［ナンプラー …… 小さじ1
    こしょう …… 適量
    酢 …… 小さじ2］

準備
ねぎは縦に切り目を数本入れ、2等分に切る。万能ねぎは斜め切りにし、水にさらして水けをきり、Aであえる。

How to

1 ねぎをじっくりと蒸し煮にする
なべにねぎを入れ、オリーブ油を加えて軽くあえる。水大さじ2と塩を加えてふたをし、弱火で15分ほど蒸し煮にする。

2 万能ねぎを加える
万能ねぎをのせる。好みでさんしょうや一味とうがらしを振る。

Point!!
ねぎを少ない水分でじっくりと蒸し煮にすることで、ねぎ本来の甘みが引き出されます。

じゃがいもとにんにくの白いスープ

ちょいコトコト **20** min.

ほっくり煮えたじゃがいもとにんにくが絶品。
牛乳と生クリームを加えた、まろやかスープです。

材料［2人分］

- じゃがいも …… 2個
- にんにく …… 4かけ
- A ┌ 水 …… 1.5カップ
  └ 顆粒コンソメ …… 小さじ⅓
- B ┌ 牛乳 …… 1.5カップ
  │ 生クリーム …… ¼カップ
  │ 塩 …… 小さじ½
  └ こしょう …… 適量
- バター …… 小さじ2
- パセリ（みじん切り） …… 適量

準備 じゃがいもは4等分に切って水にさらし、にんにくは半分に切り、しんをとる。

How to

1 じゃがいもがやわらかくなるまで煮込む

なべににんにくとバターを入れ、弱火でいためる。香りが立ったら水けをきったじゃがいもを加えて中火でさっといため、Aを加えてひと煮立ちさせ、ふたをして弱火で15分ほど煮込む。

2 味をととのえて盛る

Bを加えて味をととのえる。器に盛り、パセリを散らす。

Part 1 2品でコトコト

定番から変わりダネまで！
組み合わせバリエ

手羽先と卵の
オイスターソース煮込み

味がしみた鶏肉がジューシーでほろほろ〜。
てりってりの見た目も食欲をそそります。

ちょいコトコト
30 min.

Part 1 2品でコトコト

材料 [2人分]

鶏手羽先 …… 6本
しょうゆ …… 小さじ1
卵 …… 2個
しょうが（皮つき・薄切り）…… 2枚
A ┌ 水 …… 2カップ
　│ 黒酢（なければ酢）、オイスターソース
　│ 　　…… 各大さじ2
　└ しょうゆ、砂糖、酒 …… 各大さじ1
ごま油 …… 小さじ4

> 準備　手羽先は裏側に切り込みを入れ、しょうゆをまぶして10分ほどおく。卵は室温にもどし、酢と塩各適量（分量外）を加えた熱湯で6分ゆでて殻をむく。

How to

1
手羽先を焼き、とり出す
なべにごま油小さじ2を熱し、手羽先を中火で2分ずつ両面をこんがりと焼き、とり出す。

2
手羽先を戻し、煮込む
1のなべに残りのごま油を入れてしょうがをいためる。香りが立ったら1の手羽先を戻し入れ、Aを加えてひと煮立ちさせ、ふたをして弱めの中火で20分ほど煮込む。

3
ゆで卵を加え、煮詰める
ふたをとり、卵を加えて強火で5分煮詰める。

大根とちくわの昭和風おでん

じっくりコトコト **65 min.**

一度冷まして、味をしっかり入れるのがコツ。
ちょっぴり甘めの味わいにホッとします。

材料 [2人分]

- 大根 …… 8cm（400g）
- 焼きちくわ …… 2本
- A
  - だし …… 3カップ
  - 酒 …… ¼カップ
  - 鶏ガラスープのもと …… 小さじ⅓
  - みりん …… 大さじ1
  - 薄口しょうゆ …… 大さじ2
- 塩 …… 少々

準備

大根は2cm厚さに切り、十文字に切り目を入れて面取りをする。ちくわは斜め2等分に切る。

How to

1 煮込んでから一度冷ます

なべに大根、ちくわ、Aを入れてふたをし、弱めの中火で60分ほど煮込む。そのままあら熱がとれるまで冷ます。

2 味をととのえ、再度火にかける

塩で味をととのえ、もう一度あたためる。好みでからしをつけて食べる。

Point!!
大根を輪切りにして長時間煮る場合は面取りを。角をとることで煮くずれを防ぎます。

かぶと押し麦のスープ

⏱ ちょいコトコト 30 min.

押し麦のプチプチ感が楽しいスープ。
しょうがをたっぷり入れるから、体もぽかぽか。

材料［2人分］
- かぶ …… 2個
- 押し麦 …… 大さじ4
- しょうが（せん切り） …… 1かけ
- A
  - 水 …… 3カップ
  - 酒 …… 大さじ1
  - ナンプラー、しょうゆ …… 各小さじ1
  - 顆粒コンソメ …… 小さじ1/3
- 塩 …… 適量
- サラダ油 …… 小さじ1

準備
かぶは茎を3cmほど残し、皮ごと半分に切る。葉は小口切りにする。押し麦は軽く洗う。

How to

1 かぶの表面を焼きつける
なべにサラダ油を熱し、かぶを中火で3分ずつ両面を焼きつける。

2 押し麦としょうがを加え煮込む
押し麦とA、しょうがを加えてひと煮立ちさせ、ふたをせずに弱火で20分ほど煮込む。

3 かぶの葉にさっと火を通す
かぶの葉を加えてさっと煮、塩で味をととのえて器に盛る。

Memo かぶの葉には栄養がたっぷり。食感がほどよく残る程度にいっしょに煮て食べるとおいしい！

Part 1 2品でコトコト

Column 1 コトコトにおすすめ！
ハーブ＆スパイスカタログ

味のアクセントになったり、深みを出してくれるハーブとスパイス。
じょうずに使いこなせば、煮込みがもっとおいしくなります。

ローズマリー
シソ科のハーブで、強めの香りが肉のくさみを抑えてくれます。鶏肉やラム、じゃがいもなどの煮込み料理におすすめです。

タイム
すがすがしい香りが特徴で、肉や魚料理、シチューやスープなどあらゆる料理で活躍。いっしょに煮込むだけで風味がぐっとアップ！

イタリアンパセリ
さわやかな香りでクセのない味わい。トマト煮込みなどによく合います。ブーケガルニのかわりにそのまま加えても。

ローリエ
煮込み料理の風味づけに欠かせない、名脇役ハーブ。食欲を増進させる働きもあります。

クミンシード
調理の初めにいためて香りを出すことで食材の味を引き立てる香辛料。カレー粉には必須です。

ホワジャオ（花椒）
中国のさんしょうの実を乾燥させたもの。強い香りと舌がしびれるような辛さが特徴です。

チリパウダー
チリペッパーにオレガノなどを加えたミックススパイス。爽快な辛さが食欲をそそります。

八角
中華料理のスパイスとしてよく使われます。独特の甘い香りとほのかな苦みがあります。

エルブ・ド・プロバンス
タイムやセージ、ローズマリーなどをミックスしたハーブ。魚介の煮込みや肉類の下味に。

Part
2

野菜のうまみを味わう!
ベジコトコト

野菜をたくさん食べたいときこそ、
コトコトがうってつけ。
煮込むことでカサが減るので、
ちょっと多いかな？と思う量だってぺろり！
野菜から出てくる水分も
利用してうまみを凝縮させます。

白菜とハムの蒸し煮

白菜の甘さに、
ちょっとびっくりするはず。
シンプルな味つけで
旬のおいしさを楽しんで。

材料 [2人分]
白菜 …… ¼個
ハム …… 4枚
しょうが（みじん切り）
　…… 2かけ
塩 …… 小さじ1
酒 …… 大さじ2
オリーブ油 …… 大さじ1

準備
ハムはみじん切りにする（ⓐ）。

How to

1 白菜を焼きつける

なべにオリーブ油を熱し、白菜を入れる。塩を振り、中火で4分ほど全面を焼きつける（ⓑ）。

2 残りの材料を加え、煮込む

酒を加え、ハムとしょうがを散らし（ⓒ）、ふたをして弱火で20分ほど蒸し煮にする（ⓓ）。

根菜と手羽元の塩煮込み

ちょいコトコト **30** min.

パプリカやミニトマトを入れてカラフルに。
塩味ベースの軽やかさがいい感じ！

材料［2人分］

パプリカ（黄）…… ½個
玉ねぎ …… ½個
ごぼう …… ½本（100g）
ミニトマト …… 10個
しめじ …… 1パック（100g）
鶏手羽元 …… 4本
A ┌ 塩 …… 小さじ⅓
　└ こしょう …… 適量
B ┌ 水 …… ½カップ
　│ 酒 …… 大さじ2
　│ 塩 …… 小さじ1弱
　│ しょうゆ …… 小さじ1
　└ タイム …… 1本
オリーブ油 …… 大さじ1

How to

1 手羽元を焼きつける

なべにオリーブ油を熱し、手羽元を中火で3分ずつ両面を焼きつけ、パプリカ、玉ねぎ、水けをきったごぼう、ミニトマト、しめじを加えてさっといためる。

2 調味料を加えて煮込む

Bを加え、ふたをして弱めの中火で20分ほど煮込む。

準備 パプリカは3cm角、玉ねぎは1.5cm角に切る。ごぼうは3cm長さの斜め切りにし、5分ほど水にさらす。しめじはほぐす。手羽元は皮に切り込みを入れ、Aで下味をつける。

レンズ豆とベーコンのトマト煮込み

ほどほどコトコト **60** min.

煮汁にとけたうまみをレンズ豆がキャッチ。
ちょっとおしゃれなビストロ風煮込みです。

Part 2 ベジコトコト

材料［2人分］

- レンズ豆 …… 100g
- ブロックベーコン …… 100g
- 玉ねぎ …… ½個
- トマト缶 …… ½缶（200g）
- にんにく（つぶしたもの）…… 1かけ
- A
  - ローズマリー …… 1本
  - 水、白ワイン …… 各¼カップ
  - 顆粒コンソメ …… 小さじ⅓
  - 塩 …… 小さじ½
- オリーブ油 …… 小さじ2
- イタリアンパセリ …… 適量

> **準備** レンズ豆はひたひたの水に浸し、30分ほどおく。ベーコンは1cm角の棒状、玉ねぎはあらみじんに切る。トマトはつぶす。

How to

1 野菜とベーコンをいためる

なべにオリーブ油を熱し、にんにくと玉ねぎを中火でいため、ふたをして10分蒸しいためにする。しんなりして少し色が変わったら、ベーコンを加えて中火でさっといためる。

2 豆とトマトを加えて煮込む

レンズ豆、トマト、Aを加えてふたをし、ときどきまぜながら弱火で30分煮込む。ふたをとり、強めの中火で10分ほど煮て火を止める。

3 盛りつける

器に盛り、イタリアンパセリをちぎって散らす。

Memo レンズ豆は水に浸す時間が短く、使い勝手◎。煮汁もよく吸ってくれます。

ズッキーニとグリーンピースのタジン風

本来は専用のなべで作るモロッコ風の蒸し煮をアレンジ。
たっぷりの豆がうれしい！

ほどほどコトコト
35 min.

材料 [2人分]
ズッキーニ …… 2本
グリーンピース（冷凍）…… 150g
玉ねぎ …… ½個
鶏手羽元 …… 4本
A ┌ 塩 …… 小さじ1
　├ こしょう …… 適量
　└ カレー粉 …… 小さじ½
クミン …… 小さじ1
レーズン …… 30g
レモン …… 適量
香菜 …… 3束
オリーブ油 …… 大さじ2

準備
ズッキーニは長さ3等分の四つ割り、玉ねぎは薄切り、香菜はざく切りにする。グリーンピースはさっと流水をかける。手羽元はAで下味をつける。レモンは塩でよく洗って皮を少々むき、3～4枚輪切りにする。皮はとっておく。

How to

1 手羽元を焼きつける
なべにオリーブ油小さじ2を熱し、手羽元を中火で6分ほど転がしながら焼いてとり出す。

2 クミンをいためる
残りのオリーブ油を足し、クミンを弱火で香りが立つまでいためる。

3 肉と野菜を加え蒸し煮する
玉ねぎ、ズッキーニ、グリーンピース、レーズン、手羽元を順に重ね、水¼カップを加える。レモンの輪切りと皮をのせてふたをし、弱火で25分ほど蒸し煮にする。仕上げに香菜を散らす。

Part
2

ベジコトコト

まるごと！ロールキャベツ

じっくりコトコト **135 min.**

キャベツをまるごと1個使った豪快煮込み。
スープと肉汁をキャベツががっちり受け止めます。

材料［4人分］

- キャベツ …… 小1個
- A
  - 合いびき肉 …… 300g
  - 玉ねぎ …… 1個
  - 卵 …… 1個
  - パン粉 …… ¼カップ
  - 牛乳 …… 大さじ2
  - 塩 …… 小さじ½
  - こしょう …… 適量
- B
  - 水 …… 2カップ
  - トマト（完熟）…… 2個（400g）
  - トマトケチャップ …… 大さじ4
  - 顆粒コンソメ …… 小さじ2
  - 砂糖 …… 小さじ1
  - ローリエ …… 1枚
- パセリ（みじん切り）、粉チーズ …… 各適量

> **準備** キャベツはしんの部分をくりぬき、やや深めの十文字に切り込みを入れる。Aの玉ねぎはみじん切りにする。Bのトマトはざく切りにする。

How to

1 肉だねを作る
Aを大きめのボウルに合わせ、よくねりまぜる。

2 キャベツに肉だねを詰める
キャベツのくりぬいた部分と切り込みに**1**を詰め、あればたこ糸で十文字にしばる。

3 やわらかくなるまで煮込む
なべにBをまぜ合わせ、**2**を入れてキッチンペーパーで落としぶたをし、弱めの中火で60〜90分煮込む。キャベツがしんなりしたらふたをして火を弱め、十分やわらかくなるまで45分ほど煮込む。味をみてコクが足りなければふたをせず、さらに20分煮込む。

4 盛りつける
たこ糸を持って引き上げ、切り分けて器に盛る。パセリと粉チーズを振る。

Point!! しんの部分と切り込みに肉だねを詰めます。加熱するとかさが減るので、みっちり詰めてOK。

大根とにんじんのフレッシュトマト煮込み

ほどコトコト 40 min.

みずみずしいミニトマトの水分がカギ。
甘ずっぱさが口いっぱいに広がります。

材料［2人分］
- 大根 …… 300g
- にんじん …… 1本
- ミニトマト …… 12個
- にんにく（つぶしたもの）…… 1かけ
- A
  - 顆粒コンソメ …… 小さじ⅓
  - 白ワイン …… 大さじ2
  - 塩 …… 小さじ½
  - こしょう …… 適量
  - ローリエ …… 1枚
- しょうゆ …… 小さじ2
- オリーブ油 …… 大さじ2

準備 大根とにんじんは3cm大に切る。

How to

1 根菜を焼きつける
なべにオリーブ油を熱し、弱火でにんにくをいためる。香りが立ったら大根とにんじんを加え、中火にして動かさずに全体を3分ほど焼きつける。

2 ミニトマトをいため、煮込む
ミニトマトを加えていため、皮がはじけたらAを加えてふたをし、弱火で30分ほど煮込む。

3 火を強めて水分をとばす
大根とにんじんに火が通ったら、しょうゆをまわし入れ、強火にして5分煮る。

Part 2 ベジコトコト

いちじくと豚肉のタジン風

いちじくと**豚肉**がいいコンビ。
フルーティな**甘さ**とスパイスが合います。

ほどほどコトコト
35 min.

材料［2人分］
いちじく …… 2個
パプリカ（黄）…… 1個
紫玉ねぎ …… 1個
豚肩ロースかたまり肉 …… 200g
A ┌ 塩 …… 小さじ1
　└ こしょう …… 適量
B ┌ しょうが（すりおろす）…… 1かけ
　│ 赤ワインビネガー …… 大さじ2
　│ コリアンダーシード（あれば）…… 小さじ1
　└ カルダモン（あれば）…… 2粒
白ワイン …… ¼カップ
オリーブ油 …… 大さじ2

準備
いちじくは皮ごと6等分に切る。パプリカは横半分の1cm幅、紫玉ねぎは1.5cm厚さのくし形切りにする。豚肉は2cm角に切り、Aで下味をつける。

How to

1 豚肉といちじくを焼く
なべにオリーブ油を熱し、豚肉を中火で2分ずつ両面を焼く。いちじくを加え、さっといためてとり出す。

2 野菜を入れて煮込む
1のなべに紫玉ねぎ、パプリカ、豚肉、いちじくを順に重ね、Bと白ワインを加え、ふたをして弱火で30分煮込む。

レタスシューマイ

レタスで包んだヘルシーシューマイ。じゅわっとあふれる肉汁が至福！

ちょいコトコト **20** min.

材料［作りやすい分量］

- レタス …… 1個
- A
  - 豚ひき肉 …… 200g
  - 玉ねぎ …… ¼個
  - しいたけ …… 1個
  - 酒、ごま油 …… 各小さじ2
  - 水 …… 大さじ1
  - 塩 …… 小さじ⅓
  - こしょう …… 適量
- 酒 …… 大さじ1
- 酢、ラー油 …… 各適量

準備
レタスは軸と葉に分ける。Aの玉ねぎとしいたけはみじん切りにする。

How to

1 レタスを敷き詰める
レタスの軸をなべに敷き詰め、葉の部分は3～4等分にちぎる。

2 肉だねを作って包む
Aを大きめのボウルに合わせ、よくねりまぜて12等分する。レタスの葉にAをくるりと包んでなべにすき間なく詰め、余ったレタスはあいている部分に詰める。

3 ふたをして蒸し煮にする
酒を振ってから強火にかけ、湯げが出てきたらふたをして弱火で15分ほど蒸し煮にする。

4 盛りつける
器に盛り、酢とラー油を合わせたたれを添える。

Part 2 ベジコトコト

Point!!
加熱するとかさが減って煮くずれしやすいので、すき間なくきっちり詰めること。

Memo
シュークルートは、塩漬けまたは酢漬けキャベツを使ったフランスの煮込み料理です。

ソーセージのシュークルート風

⏱ 20 min. ちょいコトコト

すっぱいキャベツにソーセージのうまみがしみ込んで、たまらないおいしさ！

材料［2人分］

- A
  - キャベツ …… ½個（500g）
  - 玉ねぎ …… ½個
  - にんにく（薄切り）…… 1かけ
- 塩 …… 小さじ1
- 酢（または白ワインビネガー）…… 大さじ1
- ウインナソーセージ …… 4本
- B
  - 水 …… ¼カップ
  - 白ワイン …… 大さじ1
  - 顆粒コンソメ …… 小さじ1
  - 塩 …… 適量
  - ローリエ …… 1枚
- こしょう、粒マスタード …… 各適量
- オリーブ油 …… 小さじ2

> **準備** Aのキャベツは太めのせん切りにする。玉ねぎは薄切りにする。

How to

1 キャベツを塩もみする
Aは大きめのボウルに入れて塩でよくもみ、しんなりしたら水けをしぼって酢とオリーブ油を加える。

2 野菜をいためて煮込む
なべに1を入れてソーセージを上にのせ、Bを加える。ふたをして弱火で20分ほど蒸し煮にする。

3 仕上げる
ふたをとってこしょうを振り、器に盛って粒マスタードを添える。

Part 3

おもてなしにぴったり！
ごちそうコトコト

人をおうちに呼ぶ日や、ちょっぴり特別な日には
いつもより少し手をかけた煮込みはいかが？
肉や魚をガツン！と
使ったものからごはん系まで、
とっておきのメニューでおもてなし！

力強いうまみを味わう
牛肉

牛すじ肉の
オリエンタルラグー

味がしみた
とろっとろのすじ肉が最高！
パスタやラザニアの
ソースとしても使えます。

じっくりコトコト
110 min.

（牛すじ肉の香味野菜煮
を作る時間を除く）

材料［2〜3人分］
牛すじ肉の香味野菜煮
（右記参照）…… 肉300g
＋スープ½カップ
A┌ セロリ …… 1本
　│ にんじん …… ½本
　│ 玉ねぎ …… 1個
　└ にんにく（みじん切り）…… 1かけ
B┌ 赤ワイン …… ½カップ
　│ トマト缶 …… ½缶（200g）
　└ 塩 …… 小さじ½
カレー粉 …… 大さじ1
ウスターソース …… 小さじ2
オリーブ油 …… 小さじ2

準備 Aのセロリ、にんじん、玉ねぎは
すべて1cm角に切る。Bのトマト
はつぶすかはさみで切る。

How to

1 野菜を蒸しいためにする
なべにAとオリーブ油を入れて弱火でさっといためる（b）。塩ひとつまみ（分量外）を振り、ふたをして弱火で15分蒸しいためにする。

2 すじ肉を加えて煮込む
しんなりしたら牛すじ肉の香味野菜煮の肉を加えてさっといためる。Bとスープを加えて（c）ふたをし、弱火で1時間30分煮込む。

3 味をととのえる
仕上げにカレー粉とウスターソースを加えて（d）さっとひとまぜし、器に盛る。あればイタリアンパセリを飾る。

牛すじ肉の香味野菜煮
こっくりコトコト 100 min.

材料 [作りやすい分量]
牛すじ肉 …… 600g
A ┌ しょうが（皮つき・薄切り）…… 2〜3枚
　│ ねぎ（青い部分）…… 1本
　│ 酒 …… 大さじ3
　│ セロリの葉 …… 1本分
　└ にんにく（つぶしたもの）…… 1かけ

1. すじ肉はゆでこぼし、流水でよく洗う。大きければ切り、キッチンペーパーで水けをふく。
2. なべに入れ、Aとひたひたの水を加え、弱火で1時間30分ほど煮込む。
3. 肉とスープに分ける（a）。

※肉とスープはそれぞれ小分けにして保存袋に入れ、冷凍しておくと便利。

Point!!
すじ肉はゆでこぼしたあと、汚れや血などをとり除くために、よく洗うこと。

Part 3 ごちそうコトコト

牛すじ肉と長いもの
さんしょうおでん

ほどほどコトコト **45** min.（牛すじ肉の香味野菜煮を作る時間を除く）

さんしょうがきりりと辛い、大人のおでん。
ぷるぷるのすじ肉と長いもの組み合わせにハマります。

材料［2～3人分］

牛すじ肉の香味野菜煮
　（p.49参照　※セロリの葉は入れない）
　…… 肉300g＋スープ2.5カップ
長いも …… 350g
A ┌ 酒 …… ¼カップ
　├ しょうゆ …… 大さじ2
　├ 塩 …… 小さじ1
　└ さんしょうの塩漬け …… 大さじ2
ゆで卵 …… 2個
みりん …… 小さじ1

準備
長いもは縦四つ割りの4cm長さに切る。

How to

1 すじ肉と長いもを煮込む
なべに牛すじ肉の香味野菜煮（肉とスープ）、長いも、ゆで卵、Aを入れてアルミホイルで落としぶたをし、弱火で40分ほど煮込む。

2 仕上げる
みりんをまわし入れ、ひと煮立ちさせる。

牛すじ肉のピリ辛みそ煮込み

ごはんにもお酒にも合う辛みのきいたみそ味。
こんにゃくの食感がいいアクセントです。

40 min.
（牛すじ肉の香味野菜煮を作る時間を除く）

材料［2〜3人分］

牛すじ肉の香味野菜煮
　（p.49参照　※セロリの葉は入れない）
　…… 肉500g＋スープ1.5カップ
こんにゃく …… ½枚（150g）
A ┌ みそ …… 80g
　│ しょうゆ …… 小さじ1
　│ 砂糖 …… 大さじ2.5
　│ 赤ワイン …… 大さじ4
　└ 一味とうがらし …… 小さじ⅓

準備　こんにゃくは下ゆでし、1cm角に切る。

How to

1　スープとAをまぜる

牛すじ肉の香味野菜煮のスープはAとまぜ合わせる。

2　すじ肉、こんにゃくを煮込む

なべに牛すじ肉の香味野菜煮の肉、こんにゃく、1を加えてふたをし、弱火で30分煮込む。ふたをとって強火でさらに10分、煮汁がとろりとするまで煮込む。

Point!!
みそや砂糖がとけるように調味料はあらかじめ合わせておき、煮込むときに加えます。

Part 3　ごちそうコトコト

牛すね肉の赤ワイン煮

じっくりコトコト **130 min.**

時間はかかるけど、作り方は超らくちん！
じっくり煮込むほどお肉はほろほろに。

Point!!
野菜とワインにつけ込むことで、肉の風味がぐんとアップし、やわらかくなります。

材料 [2〜3人分]

牛すね肉……300g
A ┌ 塩……小さじ1
　└ こしょう……適量
B ┌ ローリエ（またはパセリの茎）……1枚
　│ 玉ねぎ……1個
　│ にんじん……½本
　│ にんにく（つぶしたもの）……1かけ
　└ 赤ワイン……2カップ
小麦粉……適量
C ┌ 水……1カップ
　│ しょうゆ……大さじ1
　│ 顆粒コンソメ……小さじ⅓
　└ 砂糖……少々
サラダ油……小さじ2
バター……大さじ1

> **準備** 牛肉は一口大に切り、Aで下味をつける。Bの玉ねぎは6等分のくし形切り、にんじんは1cm厚さの輪切りにする。Bと牛肉をポリ袋に入れ、1時間ほどおく（一晩おくとなおよい）。

How to

1 牛肉と野菜をいためる

つけ込んでいた牛肉は肉と野菜、つけ汁に分ける。なべにサラダ油を熱し、牛肉に小麦粉をまぶして中火で2分ずつ両面をこんがりと焼きつける。野菜を加えてさっといためる。

2 つけ汁を加えて煮込む

つけ汁を加え、強火で3分ほど煮立て、アクをとる。Cを加え、ふたをして弱火にし、2時間ほど煮込む。

3 仕上げる

肉がやわらかくなったらバターを加えてまぜ、器に盛る。

牛すね肉とまるまるかぶのスープ

こっくりコトコト 75min.

すね肉のしっかりしたうまみが主役のスープ。
かぶはあとから加えるのがポイント。

材料［2〜3人分］
- 牛すね肉 …… 300g
- かぶ …… 2個
- A
  - 水 …… 3カップ
  - ねぎ（青い部分）…… 1本分
  - しょうが（皮つき・薄切り）…… 1かけ
  - にんにく（つぶしたもの）…… 1かけ
  - 酒 …… ¼カップ
- しょうゆ …… 小さじ2
- 塩、こしょう、マスタード …… 各適量

準備
牛肉は一口大に切り、塩小さじ1をまぶして30分ほどおく。かぶは茎を少し残し、葉を落とす。

How to

1 牛肉を煮込む

牛肉はキッチンペーパーで水けをふき、なべに入れる。Aを加えてひと煮立ちさせ、ふたをして弱火で1時間ほど煮込む。

2 かぶを加えてさらに煮込む

ふたをとってアクをとり、かぶを加えて再びふたをし15分煮込む。しょうゆ、塩、こしょうで味をととのえる。

3 盛りつける

器に盛り、マスタードを添える。

Part 3　ごちそうコトコト

肉と脂の甘みを感じる
豚肉

じっくりコトコト
125 min.

豚角煮

余分な脂は抜けているのに
ジューシー！
甘辛味の豚肉が
口の中でとろけます。

材料［2〜3人分］

豚バラかたまり肉 …… 600g
A ┌ ねぎ …… 1本
　│ しょうが（皮つき・薄切り）…… 1かけ
　│ にんにく（つぶしたもの）…… 1かけ
　│ 酒（あれば泡盛）…… ½カップ
　│ 水 …… 1カップ
　└ 昆布（3cm角）…… 4枚
B ┌ しょうゆ、砂糖 …… 各大さじ3
チンゲンサイ …… 1株
サラダ油 …… 小さじ1

準備
豚肉は2cm厚さに切る。Aのねぎは4cm長さ、チンゲンサイは縦に6等分に切る。

How to

1 豚肉をゆでる
豚肉は熱湯で5分ほどゆでて流水で洗い、キッチンペーパーでふく。

2 豚肉を焼き、煮込む
なべにサラダ油を熱し、豚肉を中火で5分ほどこんがりと焼きつける。Aを加えてふたをし、弱火で1時間30分ほど煮込む。Bを加えてさらに20分ほど煮、そのまま冷ます。

3 脂を除き、さっと煮る
冷えて表面に固まった脂をとり除き、再び火にかける。チンゲンサイを加えてそのまま強火で5分煮込む。

4 盛りつける
器に盛り、好みでからしを添える。

Point!!
余分な脂を除くことで、仕上がりが脂っぽくならず、うまみは残します。

Part 3　ごちそうコトコト

Memo

りんごのお酒・シードルを加えることで、肉がふっくらやわらかに。フランスの地方で定番の煮込みです。

豚肉のシードル煮込み

⏱ ほどほどコトコト 55 min.

シードルの甘みと酸味で奥行きのある味に。
とろとろの玉ねぎがまったりとからみます。

材料［2〜3人分］

豚肩ロースかたまり肉 …… 250g
A ┌ 塩 …… 小さじ½
　├ こしょう …… 適量
　└ 白ワイン …… ¼カップ
小麦粉 …… 適量
玉ねぎ …… 1個
マッシュルーム …… 6個
B ┌ シードル …… 1.5カップ
　├ 顆粒コンソメ …… 小さじ½
　└ ローリエ …… 1枚
塩 …… 小さじ1
バター …… 大さじ1

> **準備** 豚肉は1.5cm厚さに切り（4枚）、Aで下味をつけ30分ほどおく（つけ汁はとっておく）。玉ねぎはみじん切り、マッシュルームは2等分に切る。

How to

1 豚肉を焼く
なべにバターをとかし、豚肉に小麦粉をつけ、中火で1分30秒ずつ両面を焼いてとり出す。

2 玉ねぎを蒸しいためにする
1と同じなべに玉ねぎを入れてさっといため、ふたをして弱火で10分ほど蒸しいためにする。

3 残りの材料を加えて煮込む
玉ねぎが薄く色づいたら、豚肉とマッシュルームを加えて火を強め、Bとつけ汁を加える。底の焦げを木べらなどでこそげ、ふたをして弱火にし、30分煮込む。

4 塩を加えてさらに煮込む
ふたをとり、塩を加えてさらに10分ほど煮込む。

スペアリブのアドボ

じっくりコトコト 70min.

スペアリブをガツンと使った迫力煮込み。
コクはしっかり、酢の力であと味はさっぱりです。

材料［2〜3人分］

- 豚スペアリブ …… 4本（800g）
- 塩、こしょう …… 各適量
- ねぎ …… 1本
- ししとうがらし …… 10本
- にんにく（薄切り）…… 2かけ
- A ┌ しょうゆ、酢、酒 …… 各½カップ
  │ 黒砂糖 …… 大さじ3
  └ ローリエ …… 2枚
- サラダ油 …… 小さじ2

準備
豚肉は沸騰した湯でゆでこぼし、塩、こしょうを振る。ねぎは4cm長さに切る。

How to

1 豚肉を焼きつける

なべにサラダ油を熱し、豚肉を中火で2分ずつ両面をこんがりと焼きつける。

2 調味料を加えて煮込む

ねぎ、にんにく、Aを加えてふたをし、弱火で1時間ほど煮込む。ししとうを加えてさっと煮込む。

Memo アドボはフィリピンの煮込み料理のこと。黒砂糖がなければ砂糖でもOKです。

Part 3 ごちそうコトコト

塩豚ポトフ

ほどほどコトコト **45 min.**

塩漬けにして熟成させた
豚肉がうまみのカギ。
野菜と煮込むだけで
おいしくしてくれます。

材料［2～3人分］
塩豚（＊右下参照）…… 200g
じゃがいも（あればメークイン）…… 2個
にんじん …… 1本
キャベツ …… ¼個
A ┌ 水 …… 4カップ
　├ 酒 …… ¼カップ
　└ ローリエ …… 1枚
B ┌ 塩 …… 小さじ½
　└ こしょう …… 適量

準備
塩豚は1.5cm厚さに切る。じゃがいもは水にさらす。にんじんは2等分し、キャベツは半分のくし形切りにする。

How to

1 塩豚とにんじんを煮込む
なべに塩豚、にんじん、Aを入れ、ふたをして弱火で30分煮込む。

2 残りの材料を加えて煮込む
じゃがいもとキャベツを加え、さらに15分ほど煮込む。

3 味をととのえる
Bを加えて軽くまぜ、味をととのえる。

塩豚

材料[作りやすい分量]
豚肩ロースかたまり肉 …… 400g
塩 …… 小さじ2
ローリエ …… 1枚

豚肉に塩をすり込み、ローリエをちぎってはりつける。ラップをぴっちりとして、一晩～3日おく（1日以上おく場合は出てきた水分をふき、ラップを新しくかけ直す）。

※残ったら、ゆで豚やソテーに活用を。冷蔵庫で4～5日保存可能。

豚肉のプルーン煮込み

じっくりコトコト **70 min.**

プルーンの甘みがきいた
コクうま味です。
マッシュポテトといっしょにめし上がれ。

材料［2〜3人分］

豚肩ロースかたまり肉 …… 300g
塩、こしょう、小麦粉 …… 各適量
まいたけ …… 1パック
A ┌ 玉ねぎ …… 1個
　├ セロリ …… ½本
　├ にんじん …… ½本
　└ にんにく …… 1かけ
赤ワイン …… 1.5カップ
B ┌ ドライプルーン …… 10個
　├ 塩 …… 小さじ⅓
　├ 顆粒コンソメ …… 小さじ½
　└ シナモンスティック …… ½本
オリーブ油 …… 小さじ2
バター …… 大さじ1

> **準備** 豚肉は食べやすい大きさに切り、塩、こしょうをする。Aはすべて薄切りにする。まいたけはほぐす。

How to

1 豚肉を焼く

なべにオリーブ油を熱し、豚肉に小麦粉をまぶして1分30秒ずつ両面を焼き、とり出す。

2 野菜を蒸しいためにする

1のなべの脂をふき、バターをとかしてAを中火でしんなりするまでいため、ふたをして10分蒸しいためにする。まいたけを加え、さっといため合わせる。

3 水分を加えて煮込む

赤ワインと水1.5カップを加えて強火で煮立たせ、1とBを加え、弱火にして40分煮込む。

4 汁を煮詰める

豚肉をとり出し、火を強めて10分ほど汁を煮詰める。コクが足りなければバターを足す。

5 盛りつける

豚肉を戻し入れ、好みでマッシュポテト（p.88参照）とともに器に盛る。

Part 3 ごちそうコトコト

> ぷりぷりでジューシー！
鶏肉

鶏もも肉のハーブトマト煮込み

ほどほどコトコト 50 min.

定番のトマト煮込みもハーブで香りよく。
ほろほろの鶏肉がとびきりのごちそう！

材料［2〜3人分］

鶏もも骨つき肉（ぶつ切り）
　…… 2〜3本 (600g)
A ┌ 塩 …… 小さじ1
　└ こしょう …… 適量
玉ねぎ …… ½個
セロリ …… ½本
にんにく（つぶしたもの）…… 1かけ
B ┌ トマト缶 …… 1缶 (400g)
　│ 水 …… ½カップ
　│ 白ワイン …… 大さじ2
　└ エルブ・ド・プロバンス …… 小さじ1
塩、こしょう …… 各適量
オリーブ油 …… 小さじ3

準備

鶏肉はAで下味をつける。玉ねぎ、セロリは薄切りにする。

How to

1　鶏肉を焼きつける

なべにオリーブ油小さじ1を熱し、鶏肉を中火で3分ずつ両面をこんがりと焼き、とり出す。

2　野菜を蒸しいためにする

1と同じなべに残りのオリーブ油を足し、にんにく、玉ねぎ、セロリを入れてさっといため、ふたをして弱火にし、10分ほど蒸しいためにする。

3　水分を加えて煮込む

鶏肉を戻し入れ、Bを加えてふたをせずに30分ほど弱火で煮込む。塩、こしょうで味をととのえる。

Part 3　ごちそうコトコト

タッカンマリ

ほどほどコトコト 50 min.

ひたすら煮込むだけで
極上のスープが完成！
ピリ辛のたれをまぜて
スープごとめし上がれ。

材料［2〜3人分］

鶏もも骨つき肉 …… 2本 (400g)
ねぎ …… 2本
にら …… 1束
にんにく …… 4かけ
塩 …… 適量
たれ
　粉とうがらし、しょうゆ、酢
　　…… 各大さじ1
　にんにく（すりおろす）…… 少々
　ごま油 …… 小さじ½

準備 鶏肉は塩小さじ½をすり込み、20分おく。ねぎは青い部分まで5cm長さの縦4等分に切る。にらは5cm長さに切る。

How to

1 鶏肉を煮込む

なべに鶏肉、にんにく、水4カップを入れて火にかける。煮立ったらアクを除きながらふたをして弱火で40分煮込む。

2 野菜を加えて味をととのえる

ねぎとにらを加えて3分ほど煮る。塩少々で味をととのえる。

3 盛りつける

器に盛り、まぜ合わせたたれを添える。

Point!!
アクはこまめにとり除くことで、鶏のうまみがきわ立つスープができます。

骨つきチキンのビネガー煮込み

ほどよい酸味と
濃厚な鶏肉のうまみがマッチ。
つやつやのお肉に
かぶりつきたくなります。

ほどほどコトコト 35min.

材料 [2〜3人分]

鶏もも骨つき肉（ぶつ切り）
　…… 2本（400g）
A ┌ 塩 …… 小さじ½
　└ こしょう …… 適量
小麦粉 …… 適量
玉ねぎ …… ½個
じゃがいも …… 2個
さやいんげん …… 8本
にんにく（つぶしたもの）…… 1かけ
ローズマリー …… 2枝
B ┌ 白ワイン …… ½カップ
　│ 白ワインビネガー …… ¼カップ
　│ 水 …… 1カップ
　└ 砂糖 …… ひとつまみ
塩 …… 小さじ½
オリーブ油 …… 大さじ2
バター …… 大さじ1

> **準備**　鶏肉はAで下味をつけ、小麦粉をまぶす。玉ねぎは薄切り、じゃがいもは皮つきのまま半分に切る。

How to

1　鶏肉を焼く
なべにオリーブ油を熱し、鶏肉、にんにく、ローズマリーを入れて中火でこんがりと焼く。

2　野菜を加えて煮込む
Bを加えて煮立たせ、玉ねぎ、じゃがいも、いんげん、塩を加えてふたをし、弱火で25分煮込む。

3　バターを加えてさらに煮込む
バターを加え、煮汁がとろりとするまで煮込む。

鶏肉とペコロスの粒マスタードクリーム煮込み

30 min. ちょいコトコト

濃厚なクリームに粒マスタードで酸味をプラス。
ワインが欲しくなる、リッチな味わいです。

材料［2〜3人分］

鶏もも肉 …… 2枚
塩 …… 小さじ1
こしょう、小麦粉 …… 各適量
小玉ねぎ（ペコロス）…… 6個
しめじ …… 1パック（100g）
にんにく（つぶしたもの）…… 1かけ
A ┌ 水 …… ½カップ
　│ 白ワイン …… ¼カップ
　│ 顆粒コンソメ …… 小さじ⅓
　└ ローリエ …… 1枚
B ┌ 生クリーム …… 1カップ
　│ しょうゆ …… 小さじ1
　└ 粒マスタード …… 大さじ2
バター …… 小さじ2

How to

1 鶏肉と野菜をいためる
なべにバターをとかして鶏肉を皮目から入れ、1分30秒ずつ両面を焼き、小玉ねぎとしめじを加えてさっといためる。

2 水分を加えて煮込む
Aを加え、中火で20分ほど煮込む。

3 調味料を加えてさらに煮込む
Bを加え、弱めの中火で3分ほど煮込む。

準備 鶏肉は半分に切り、塩、こしょうで下味をつけ、小麦粉をまぶす。小玉ねぎは皮をむいて底に十文字に切り目を入れる。しめじは石づきをとり、小房に分ける。

手羽元ととうがんの煮込み

ほどほどコトコト **35 min.**

一口食べるごとに、だしがじゅわり。
やさしい味わいにほっこりします。

材料［2〜3人分］

鶏手羽元 …… 6本
とうがん …… 350g
しいたけ …… 2個
塩 …… 適量
A ┌ だし …… 2.5カップ
　│ しょうゆ …… 大さじ½
　│ 酒 …… 大さじ1
　│ みりん …… 小さじ1
　└ しょうが（薄切り）…… 2枚
しょうが（すりおろす）…… 小さじ1

準備

手羽元は骨に沿って切り目を入れ、塩小さじ½で下味をつける。とうがんは厚めに皮をむき、わたをとって皮目に格子状に切り目を入れ、塩少々をすり込んで洗い、3cm角に切る。しいたけは石づきを除いて2等分にする。

How to

1 鶏肉を煮る

なべにAと鶏肉を入れて火にかけ、ひと煮立ちさせる。

2 落としぶたをして煮込む

とうがんとしいたけを加え、厚手のキッチンペーパーでおおい、ふたをして弱火で30分煮る。

3 仕上げる

しょうがを加えまぜる。

Point!!
とうがんはやわらかいのでキッチンペーパーで落としぶたをし、しっかり味をしみ込ませて。

Part 3 ごちそうコトコト

ボリュームたっぷり！
ひき肉＆ラム肉

デミグラス煮込みハンバーグ

ふっくらハンバーグと
デミソースの最強コンビ。
煮込むだけでレストランのような
本格味を再現！

ちょいコトコト
30 min.

材料 ［2〜3人分］

- 合いびき肉 …… 250g
- じゃがいも …… 2個
- にんじん …… ½本
- 玉ねぎ …… ½個
- A
  - 玉ねぎ …… ¼個
  - パン粉 …… 大さじ4
  - 牛乳 …… 大さじ2
  - 卵 …… ½個分
  - 塩 …… 小さじ⅓
  - こしょう …… 適量
- 赤ワイン …… 大さじ2
- デミグラスソース缶 …… 1缶（290g）
- トマトケチャップ、ウスターソース …… 各大さじ1
- サラダ油 …… 適量

> **準備** Aの玉ねぎはみじん切り、じゃがいもは皮つきのまま8等分に切る。にんじんは4cm長さの縦四つ割り、玉ねぎは1cm厚さのくし形に切る。

How to

1 ハンバーグのたねを作る
大きめのボウルにひき肉を入れ、Aを加えてよくねりまぜる。手にサラダ油少々をつけ4等分にして空気を抜き、小判形にととのえる。

2 野菜をいためる
なべにサラダ油小さじ2を熱し、野菜を中火で5分ほどいためてとり出す。

3 ハンバーグを焼く
2のなべにサラダ油小さじ2を足し、1を中火で1分30秒ずつ両面を焼く。脂をキッチンペーパーでふき、2の野菜を戻し入れ、赤ワインをハンバーグの上に振り入れる。

4 ソースを加えて煮込む
水150mlとデミグラスソースを加え、ふたをして弱火で20分煮込む。ケチャップとウスターソースで味をととのえる。

5 盛りつける
器に盛り、あればパセリを飾る。

Part 3 ごちそうコトコト

ラムじゃがのドライトマト煮込み

ほどほどコトコト **50** min.

うまみがぎゅっと詰まったドライトマトを使うので濃厚！
じゃがいもにも味がしっとりしみ込みます。

材料［2～3人分］

ラムチョップ …… 4本
A ┌ 塩 …… 小さじ⅓
　├ こしょう …… 適量
　└ パプリカパウダー …… 小さじ1
玉ねぎ …… ½個
じゃがいも …… 3個
ドライトマト …… 50g
B ┌ 水 …… 1.5カップ
　├ 酒 …… 大さじ1
　├ 塩 …… 小さじ1
　└ 顆粒コンソメ …… 小さじ½
オリーブ油 …… 小さじ2

準備
ラムチョップはAで下味をつける。玉ねぎは6等分のくし形切りにする。じゃがいもは水にさらす。ドライトマトは細切りにする。

How to

1 ラムを焼き、野菜をいためる
なべにオリーブ油を熱し、ラム肉を中火で2分ずつ両面焼く。じゃがいも、玉ねぎ、ドライトマトを加えてさっといためる。

2 水分を加えて煮込む
Bを加えてふたをし、弱火で30分煮込む。ふたをとって強火にし、さらに10分煮込む。

パプリカの肉詰め グラーシュ風

ほどほどコトコト 60 min.

Part 3 ごちそうコトコト

パプリカパウダーを使う、ハンガリー風煮込み。
肉汁を吸い込んだパプリカが甘くてやわらか！

材料［2〜3人分］
パプリカ（赤・黄）…… 各2個
小麦粉 …… 適量
A ┌ 豚ひき肉 …… 300g
　│ ごはん …… 100g
　│ 玉ねぎ …… ¼個
　│ 卵 …… 1個
　│ パセリ（みじん切り）…… 大さじ4
　│ 粉チーズ …… 大さじ3
　│ 塩 …… 小さじ1
　│ こしょう、パプリカパウダー、
　└ 一味とうがらし …… 各適量
白ワイン …… ¼カップ
B ┌ サワークリーム …… 45g
　└ にんにく（すりおろす）…… 少々

準備 パプリカは上部を1.5cmほどへたごと切り、種をとって内側に小麦粉をまぶす。Aの玉ねぎはみじん切りにする。ごはんは流水で洗い、水けをきる。

How to

1 肉詰めを作る
Aは大きめのボウルに合わせてよくねり、パプリカにすき間なく詰める。

2 白ワインで煮込む
なべに1を入れ、白ワインを注ぐ。ふたをして弱火で1時間煮込み、肉詰めを器に盛る（途中40分くらいたったら切ったパプリカの上部をのせる）。

3 ソースを作る
2のなべにBを合わせてよくとかし、2にかける。

Point!! 肉だねに入れた卵がつなぎがわりになり、しっとり。ぎゅっとすき間なく詰めて。

豪華に変身！

魚

Part 3 ごちそうコトコト

アクアパッツァ

あらゆる素材から出るだしでうまみは最高潮！
魚はあじやいさきなどでも。

ちょいコトコト **25 min.**

材料［2〜3人分］
めばる …… 2尾
塩、こしょう …… 各適量
グリーンオリーブ …… 8粒
ミニトマト …… 10個
あさり …… 300g
A ┌ タイム …… 2本
　│ 白ワイン …… ¼カップ
　│ 水 …… 1カップ
　│ 塩 …… 小さじ⅓
　└ ケイパー …… 小さじ2
オリーブ油 …… 40ml
レモン（またはオレンジ）…… ½個

準備
めばるは内臓とえらを除き、皮に切り目を入れて塩、こしょうを振る。あさりは砂出しし、殻と殻をこすり合わせて洗う。

How to

1 めばるを焼く
なべにオリーブ油小さじ2を熱し、めばるを入れて中火で1分ずつ両面を焼く。

2 残りの材料を加えて煮込む
1のまわりにグリーンオリーブ、ミニトマト、あさりとAを加え、ふたを少しずらして弱火で20分ほど煮込む。

3 仕上げる
オリーブ油大さじ2をまわしかけ、レモンをしぼる。

いわしとオリーブのトマト煮込み

30 min. ちょいコトコト

香味野菜といっしょに煮て、魚特有のくさみをオフ。
ほろりとくずれる身にうまみがぎっしりです。

材料 [2〜3人分]
いわし …… 6尾
塩、こしょう、小麦粉 …… 各適量
玉ねぎ …… ½個
セロリ …… ⅓本
にんにく（つぶしたもの）…… 1かけ
A ┌ トマト缶 …… 1缶（400g）
　│ 水 …… ½カップ
　└ 顆粒コンソメ …… 小さじ½
ブラックオリーブ …… 8粒
B ┌ 塩 …… 大さじ½
　└ 砂糖、しょうゆ …… 各小さじ1
オリーブ油 …… 適量

> **準備** いわしは頭と内臓を除き、塩水で洗う。水けをふき、塩、こしょうをして小麦粉を薄くまぶす。玉ねぎとセロリは薄切りにする。

How to

①　いわしを焼く
なべにオリーブ油大さじ1を熱し、いわしを中火で両面を1分30秒ずつ焼いてとり出す。

②　野菜といっしょに煮込む
1のなべにオリーブ油小さじ2を足し、中火でにんにく、玉ねぎ、セロリをいためる。しんなりしたらAを順に加えてまぜる。1とオリーブも加え、煮立ったらふたをし、弱火で20分煮込む。

③　味をととのえる
Bを加えて味をととのえ、器に盛る。あればイタリアンパセリを飾る。

さんまのコンフィ

ほどほどコトコト **40** min.

焼いたさんまとはまた違う、凝縮された味。
そのままでもカリッと焼いて食べても◎！

材料［作りやすい分量］
さんま …… 4尾
塩 …… 小さじ2
A ┌ にんにく（つぶしたもの）…… 1かけ
　├ ローズマリー …… 1〜2本
　└ ローリエ …… 1枚
オリーブ油 …… 適量

準備
さんまは頭と内臓をとり除き、塩水できれいに洗って4等分にする。水けをよくふき、塩を振って20分ほどおく。

How to

1 さんまを煮込む

さんまの水分をふいてなべに入れ、Aとオリーブ油をひたひたに加えて（2〜2.5カップが目安）火にかける。煮立ったらごく弱火にし、30〜40分煮る。

Memo
冷めてから密閉容器に移し、冷蔵庫で3週間ほど保存可能。オイルはパスタなどのいため油に。

Part 3 ごちそうコトコト

主食もおまかせ！

パスタ＆ごはん

きのこたっぷり！
クリーム煮込みパスタ

ちょいコトコト **25** min.

パスタはゆでずにソースに加えればOK！
煮込むことできのこの風味がぐぐっときわ立ちます。

材料［2～3人分］

- ペンネ …… 160g
- しめじ …… ½パック（50g）
- まいたけ …… 1パック（100g）
- エリンギ …… 2本
- 豚ひき肉 …… 100g
- カリフラワー …… ⅓個（100g）
- にんにく（あらみじんに切る）…… ½かけ
- 塩、こしょう …… 各適量
- A ┌ 牛乳、水 …… 各150㎖
    │ 生クリーム …… 50㎖
    │ 塩 …… 小さじ1弱
    └ ローズマリー …… 1本
- オリーブ油 …… 大さじ1
- あらびき黒こしょう …… 適量

準備 しめじとまいたけはほぐす。エリンギは半分の長さに切り、4等分にする。カリフラワーはざく切りにする。

How to

1 具材をいためる

なべにオリーブ油を熱し、弱火でにんにくをいためる。香りが出たらひき肉、カリフラワーを加え、塩とこしょうをして2分ほどいためる。きのこを加えてさらに2分いため、ペンネも加えてさっとまぜ合わせる。

2 水分を加えて煮込む

Aを加え、ふたをして中火弱で16分ほど煮込む。途中一～二度まぜる。

3 ソースをからめて器に盛る

火を強めて全体をまぜながらソースをからめる。器に盛り、黒こしょうを振る。

炊き込みピビンパ

ちょいコトコト 30 min.

ほわっと立ち上る湯げがたまらない！
野菜たっぷりのピリ辛炊き込みごはん

材料 [作りやすい分量]

米 …… 2カップ（360㎖）
牛ひき肉 …… 80g
豆もやし …… ½袋
にんじん …… ⅓本
にら …… ⅓束
卵 …… 1個
A┌ コチュジャン、酒 …… 各大さじ2
　│ みりん、しょうゆ …… 各大さじ1
　│ みそ …… 大さじ½
　│ 鶏ガラスープのもと …… 小さじ1
　└ にんにく（すりおろす）…… ½かけ
ごま油 …… 小さじ2

準備 米は洗ってざるに上げる。豆もやしはさっと洗う。にんじんは3㎝長さのせん切り、にらは2㎝長さに切る。Aはまぜ合わせ、2カップになるよう水を足す。

How to

1 具材をいためる

なべにごま油を熱し、ひき肉を中火で1分ほどいためる。ほぼ色が変わったらもやし、にんじんを加えてさっといため、米も加えてさっといためる。

2 調味料を加えて炊く

水を加えて2カップにしたAを加え、ふたをして強火にかける。沸騰したら弱火にし、12〜15分ほど炊く。

3 仕上げる

炊き上がったら火を止めて10分蒸らし、にら、好みでコチュジャンを加えて卵を割り入れ、さっくりまぜる。

鶏ささ身入り五穀米と緑豆のおかゆ

40 min. ほどコトコト

鶏のだしがきいた、まるみのある味わい。
疲れた胃にじんわりとしみわたります。

材料［作りやすい分量］
- 米 …… 80g
- 緑豆 …… ½カップ
- 五穀米 …… 60g
- 鶏ささ身 …… 4本
- 塩、こしょう …… 各適量
- 酒 …… 少々
- ザーサイ、香菜、ねぎ、しょうが、ごま油 …… 各適量

準備
米は洗ってざるに上げる。緑豆と五穀米も洗う。ささ身は塩、こしょうをして酒を振る。

How to

1 米類を煮る
なべに米、緑豆、五穀米、ささ身、水10カップを入れて強火にかける。沸騰したら弱火にし、40分煮る。

2 ささ身をとり出す
ささ身をとり出して裂く。

3 味をととのえる
塩、こしょうで味をととのえ、器に盛る。2とザーサイ、ねぎ、しょうが、香菜など好みの具材をトッピングし、ごま油をかけて食べる。

Part 3 ごちそうコトコト

Column 2 コトコトに合わせるならコレ！
主食カタログ

煮込みに主食を添えれば、もうそれだけでりっぱな献立に！
もりもり食べられる、相性のいいメニューを集めました。

煮込み料理のお供といえば、の粒状パスタ
クスクス

材料と作り方［2人分］
クスクス100gは耐熱容器に入れ、1カップの熱湯を注ぎ、ふたをしてそのまま5分蒸らす。さっくりとまぜてふんわりとラップをし、電子レンジで2分加熱する。よくまぜ、バター小さじ2またはオリーブ油少々と塩小さじ½を加えてまぜる。

煮込みのソースがよくからむ平打ちパスタ
タリアテッレ

材料と作り方［2人分］
タリアテッレ160gは袋の表示どおりにゆでる。粉チーズ大さじ1、塩小さじ½、あらびき黒こしょう適量、オリーブ油小さじ2、にんにくのすりおろし少々をからめる。

バターにスパイスをまぜて、香りと風味をアップ
変わりバターバゲット2種

材料と作り方［作りやすい分量］
バター60gは等分にし、クミン小さじ1とチリパウダー小さじ½をそれぞれまぜる。バゲットに適量ぬってオーブントースターで2～3分焼く。

クミンバター　　　　チリバター

Part 4

絶対おいしい！
カレー＆シチュー
コトコト

カレーとシチューは煮込み料理の真骨頂！
「いつも作るけどなんとなく味が決まらない……」
そんな人のために、とっておきのレシピをご紹介。
いつもとは段違いのおいしさに出会えるはず！

欧風カレー

口あたりはフルーティなのに、
辛さはしっかり。
野菜とスパイスが織りなす
複雑な味わいにうなります。

ほどほどコトコト
55 min.

材料 [3〜4人分]
牛すね肉 …… 300g
A ┌ 塩 …… 小さじ⅓
　├ こしょう …… 適量
　├ ガラムマサラ、ナツメグ
　└ …… 各小さじ½
小麦粉 …… 適量
玉ねぎ …… 3個
赤ワイン …… 1カップ
B ┌ 水 …… 2カップ
　├ にんじん …… ½本
　├ バナナ …… ½本
　├ ローリエ …… 1枚
　├ カレー粉 …… 大さじ4
　├ ウスターソース、顆粒コンソメ、塩
　└ …… 各小さじ1
サラダ油 …… 大さじ2
生クリーム …… 大さじ3
バター …… 50g
ごはん …… 茶わん4杯分
アーモンド …… 大さじ4

> **準備** 牛肉は一口大に切り、Aで下味をつける。玉ねぎは薄切りにする。Bのにんじんとバナナはすりおろす。

Part 4 カレー&シチューコトコト

How to

1 牛肉を焼きつける

なべにサラダ油大さじ1を熱し、牛肉に小麦粉をまぶして（ⓐ）中火で2分ずつ両面を焼きつけ、とり出す。

2 玉ねぎを蒸しいためにする

残りのサラダ油を足し、玉ねぎ、塩少々（分量外）を入れて（ⓑ）中火でいためる。しんなりとしたらふたをして火を弱め、15分ほど蒸しいためにする（ⓒ）。

3 調味料を加えて煮込む

牛肉を戻し入れ、赤ワインを加えて中火で煮立たせ（ⓓ）、Bを加える。ふたを少しずらして弱めの中火で30分ほど煮込む。

4 仕上げて器に盛る

生クリームとバターを加え（ⓔ）、火を止める。ごはんに砕いたアーモンドをまぜて器に盛り、カレーをかける。

81

大根の和風カレー

ほどほどコトコト **40 min.**

だしをきかせたそば屋風のカレー。
大きめに切った野菜で、食べごたえも文句なし。

Point!!
削り節を加えることで、風味がアップ。ルーにもよくからみます。

材料 [3～4人分]

- 大根 …… ⅓本 (300g)
- 玉ねぎ …… ½個
- にんじん …… 1本
- A ┌ だし …… 3カップ
  │ 酒 …… 大さじ2
  └ しょうが（すりおろす）…… 1かけ
- カレールー …… 90g
- 削り節 …… 3パック (15g)
- しょうゆ …… 大さじ1
- サラダ油 …… 小さじ2
- ごはん …… 茶わん4杯分

準備
大根は大きめの乱切り、玉ねぎは2cm厚さのくし形切りにする。にんじんも乱切りにする。

How to

1 野菜をいためる
なべにサラダ油を熱し、中火で玉ねぎをしんなりするまでいためる。大根、にんじんも加え、大根が少し透き通るまでいためる。

2 ルーを加えて煮込む
Aを加えてふたをし、強火にかける。煮立ったら弱火にし、25分煮込む。大根に火が通ったらふたをとり、ルーと削り節をとかし入れ、しょうゆを加えて5分ほど煮込む。

3 盛りつける
器にごはんを盛り、2をかける。あれば福神漬けを添える。

スパイシーチキンカレー

55 min. ほどほどコトコト

ヨーグルトとピーナッツバターでエスニック風に。
一口ごとにじわじわと辛さがきいてきます。

材料 ［3〜4人分］

鶏骨つきぶつ切り肉 …… 600g
A ┌ 塩 …… 小さじ2
　└ こしょう …… 適量
トマト（完熟）…… 2個
玉ねぎ …… 1個
B ┌ にんにく（みじん切り）…… 2かけ
　│ しょうが（みじん切り）…… 2かけ
　│ カレー粉 …… 大さじ4
　└ 赤とうがらし …… 2本
C ┌ プレーンヨーグルト …… ½カップ
　└ ピーナッツバター …… 小さじ2
サラダ油 …… 大さじ1

> **準備** 鶏肉はAで下味をつける。トマトはざく切り、玉ねぎは薄切りにする。赤とうがらしは半分に折って種を除く。

How to

1 野菜をいためる

なべにサラダ油を熱し、中火で玉ねぎとBをしんなりするまでいため、ふたをし弱火で10分ほど蒸しいためにする。中火にしてトマトを加え皮がはじけるまでいためる。

2 水分を加えて煮込む

鶏肉と水2カップを加え、ふたを少しずらして弱火で30分ほど煮込む。

3 さらに煮込む

ふたをとり、Cを順に加えて10分ほど煮込む。好みでナンを添える。

濃厚ビーフシチュー

じっくりコトコト 130 min.

最初は強めの中火、そのあとは弱火でコトコト。
余分な水分や酸味をとばし、コクと深みを出します。

材料［4人分］

- 牛すね肉 …… 600g
- A
  - 赤ワイン …… 1カップ
  - 玉ねぎ …… 1個
  - にんじん …… ½本
  - セロリ …… ½本
- 塩、こしょう、小麦粉 …… 各適量
- マッシュルーム …… 8個
- トマトピューレ …… ⅓カップ
- B
  - トマトジュース …… 3カップ
  - 顆粒コンソメ …… 小さじ2
- デミグラスソース缶 …… 1缶(290g)
- サラダ油 …… 大さじ1.5
- バター …… 大さじ1

準備

- ●前日：牛肉はキッチンペーパーで表面の水分をふきとり一口大に切る。Aの玉ねぎ、にんじん、セロリは薄切りにする。ポリ袋に牛肉とAを合わせ、一晩つける。
- ●当日：マッシュルームは石づきを除き、キッチンペーパーで汚れをふく。

How to

1 牛肉を焼きつける

牛肉はざる等でこして肉と野菜、つけ汁に分ける。肉は水けをふいて塩、こしょうを振り、小麦粉をまぶす。なべにサラダ油大さじ1を熱し、中火で牛肉を2分ずつ両面を焼き、とり出す。

2 野菜をいためる

サラダ油大さじ½を足し、1の野菜とマッシュルームを中火でいためる。しんなりしたらトマトピューレを加えてさっといためる。

3 水分と肉を加えて煮込む

1のつけ汁を加えて煮立たせ、B、肉、デミグラスソースを加えて、ふたをせずに弱めの中火で1時間ほどときどきまぜながら煮込む（焦げつきそうなら水を適量加える）。弱火にし、さらに1時間ほど煮込む。

4 味をととのえ、盛りつける

仕上げにバターと塩小さじ1で味をととのえる。酸味が強い場合は砂糖少々を加える。

Part
4

カレー&シチューコトコト

豚肉とかぼちゃのクリームシチュー

ちょいコトコト **30 min.**

煮くずれたかぼちゃがほどよいとろみに。
まろやかな甘さが口いっぱいに広がります。

材料［作りやすい分量］
豚もも肉（カレー用）…… 200g
A ┌ 塩 …… 小さじ½
　└ こしょう …… 適量
かぼちゃ …… 250g
玉ねぎ …… ½個
ブロッコリー …… ⅓個（100g）
小麦粉 …… 大さじ3
B ┌ 塩、顆粒コンソメ …… 各小さじ⅓
　│ 牛乳 …… 1.5カップ
　└ こしょう …… 適量
生クリーム …… ¼カップ
バター …… 大さじ2

準備
豚肉はAで下味をつける。かぼちゃは1.5cm厚さで3cm幅のくし形切り、玉ねぎは1cm厚さのくし形切りにする。ブロッコリーは小房に分ける。

How to

1 具材をいためる
なべにバターを弱めの中火で熱し、豚肉を1分30秒ずつ両面を焼き、かぼちゃと玉ねぎも加えてさっといため合わせる。玉ねぎが透き通ってきたら小麦粉を茶こしなどでふるい入れ、木べらでいためる。

2 水分を加えて煮込む
水1.5カップを少しずつ加えてBも加え、煮立ったらふたをして弱火で20分ほど煮込む。

3 仕上げる
ブロッコリーを加えて5分ほど煮込み、生クリームを加えてまぜる。

とろとろキャベツのボルシチ

ビーツを使って作る、ロシア風煮込み。
コクと酸味のバランスがよく、さらりと食べられます。

ちょいコトコト 30 min.

Part 4 カレー&シチューコトコト

Memo
ボルシチに欠かせないビーツは缶詰が手軽。かぶに似た甘さと鮮やかな赤色が特徴です。

材料 [2人分]

- 牛すね肉(またはバラ肉) …… 300g
- A
  - 塩 …… 小さじ1
  - こしょう …… 適量
- ビーツ缶 …… 1缶(固形量150g)
- キャベツ …… 4枚(240g)
- 小麦粉 …… 適量
- B
  - 玉ねぎ …… ½個
  - セロリ …… ⅓本
  - にんにく …… 1かけ
- C
  - 水 …… 適量
  - 顆粒コンソメ …… 小さじ1
  - ローリエ …… 1枚
  - レモン汁 …… 小さじ2
- 砂糖 …… 小さじ⅓
- 塩 …… 小さじ1弱
- オリーブ油 …… 小さじ4
- サワークリーム、にんにく(すりおろす) …… 各適量

> **準備** 牛肉は一口大に切りAで下味をつけ2〜3時間おく。ビーツは1cm角の拍子木切り、キャベツは太めのせん切り、Bの野菜はみじん切りにする。Cの水はビーツの缶汁と合わせ、2カップにする。

How to

1 牛肉を焼いてとり出す
牛肉に小麦粉をまぶす。なべにオリーブ油小さじ2を熱し、牛肉を中火で2分ずつ両面をこんがり焼き、とり出す。

2 野菜をいためて蒸す
残りのオリーブ油を足してBをいため、しんなりしたらふたをして5分ほど蒸しいためにする。

3 残りの材料を加えて煮込む
1の牛肉とCを加え、ビーツとキャベツを加えてふたをし、20分ほど煮込む。

4 味をととのえ、器に盛る
砂糖、塩で味をととのえて器に盛り、にんにくをまぜたサワークリームを好みの量のせる。

Column 3 コトコトしている間にもう1品！
つけ合わせカタログ

メインを煮込んでいる間に、ぱぱっと作れる箸休めをとりそろえました。
しっかり味の煮込みと合うよう、さっぱりした味つけにするのがポイント。

しっとりとなめらかな口あたり
マッシュポテト

材料[作りやすい分量]
じゃがいも …… 2個
牛乳 …… ¼カップ
A ┌ 生クリーム …… 大さじ2
　├ バター …… 大さじ2
　└ 塩、こしょう …… 各適量

❶ じゃがいもは一口大に切って水にさらす。塩適量（分量外）を加えた熱湯でやわらかくなるまで10分ほどゆでる。

❷ ゆで上がったら湯を捨て、再度火にかけて水分をとばし、マッシャーでつぶす。

❸ 牛乳を加え、弱火にかけながらよくねる。火を止めてAを加えまぜる。

みずみずしくてすっきりさわやか
香菜とグレープフルーツのサラダ

材料[2人分]
香菜 …… 2束
グレープフルーツ …… 1個
A ┌ ナンプラー …… 小さじ1
　├ オリーブ油 …… 大さじ1
　├ 酢 …… 大さじ½
　├ はちみつ …… 小さじ⅓
　├ 赤とうがらし …… ½本（小口切り）
　└ こしょう …… 適量
あらびき黒こしょう …… 適量

❶ 香菜は葉先を5cm長さに切り、水にさらして水けをきる。グレープフルーツは皮をむき、袋から果肉をとり出す。

❷ 1をさっくり合わせて器に盛り、まぜ合わせたAをかけ、黒こしょうを振る。

ほどよい酸味が口直しにぴったり
カリフラワーとりんごのピクルス

材料［作りやすい分量］
カリフラワー …… 小1個
りんご（紅玉）…… 1個
A ┌ りんご酢 …… 2カップ
　├ 水 …… 1カップ
　├ 三温糖 …… 120g
　├ 塩 …… 大さじ2
　├ 赤とうがらし …… 1本
　├ 粒黒こしょう …… 小さじ¼
　└ ローリエ …… 1枚

❶ カリフラワーは小房に分ける。りんごはしんをとり、皮ごと1cm厚さのくし形切りにする。

❷ 耐熱ボウルにカリフラワーとAを入れて材料にラップを密着させ、電子レンジ（600W）で4分加熱する。

❸ りんごを加え、同様にラップでおおい、そのまま冷ます。

※余ったら保存容器に入れ、冷蔵庫で保存。1週間を目安に食べきる。

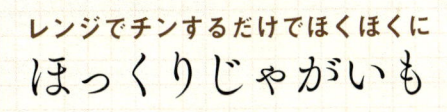

レンジでチンするだけでほくほくに
ほっくりじゃがいも

材料［作りやすい分量］
じゃがいも …… 2個

❶ じゃがいもは洗い、水けがついたまま1つずつラップに包み、電子レンジ（600W）で6分加熱する。好みで塩やバターを添えても。

番外編

とろりと甘い、大人のデザート
フルーツコトコト

フルーツをワインやシロップでコトコト煮込むだけのコンポート。
舌の上でやわらかくとろける、極上デザートです。

いちじくのバニラコンポート

ちょいコトコト **20** min.

いちじくを白ワインとバニラで香りよく煮含めます。
ピンクに色づいたシロップが、目にもおいしい一皿。

番外編 フルーツコトコト

材料［2人分］

いちじく …… 4個

A ┌ バニラビーンズ …… 1本
　│ 白ワイン …… ½カップ
　│ 水 …… 1.5カップ
　│ グラニュー糖 …… 150g
　└ レモンの薄切り …… 2枚

準備 いちじくは熱湯に通し、ナイフで皮をはぐ。

How to

1 いちじくを煮込む

なべにAを煮立て、いちじくを加える。厚手のキッチンペーパーで落としぶたをし、弱火で20分ほど煮込む。

2 冷蔵庫で冷やす

そのまま冷まし、あら熱がとれたら冷蔵庫で冷やす。

パインとオレンジの
香りコンポート

りんごのきび砂糖煮

パインとオレンジの香りコンポート

しょうがの辛みとミントの香りがさわやか！
甘ずっぱさがクセになります。

ちょいコトコト **20 min.**

材料［2～3人分］
パイナップル …… 200g
オレンジ …… 2個
A ┌ あんずのリキュール
　│　　…… ½カップ
　│ 水 …… 350mℓ
　│ グラニュー糖 …… 150g
　└ しょうが（薄切り）…… 1かけ
ミント …… 適量

準備
パイナップルは皮をむき、表面のブツブツした部分を包丁で斜めに切り込みを入れ、とり除く。しんもとり、一口大に切る。オレンジは皮をむき、輪切りにする。

How to

1 パイナップルとオレンジを煮る
なべにAを煮立て、パイナップルとオレンジを加える。厚手のキッチンペーパーで落としぶたをし、弱火で20分ほど煮込む。

2 冷蔵庫で冷やす
そのまま冷まし、あら熱がとれたらミントを散らし、冷蔵庫で冷やす。

りんごのきび砂糖煮

かすかに感じる黒こしょうの刺激がアクセント。
ただ甘いだけじゃない、ワンランク上の味わい！

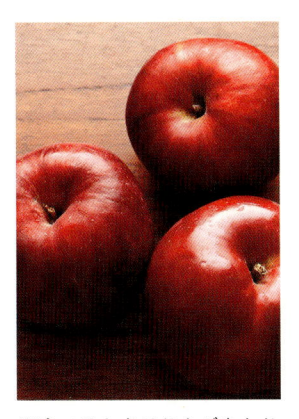

ちょいコトコト **20 min.**

材料［2～3人分］
りんご（あれば紅玉）…… 4個
A ┌ きび砂糖 …… 60g
　│ 水 …… 1.5カップ
　│ 赤ワイン …… ½カップ
　│ 八角 …… 1個
　└ 粒黒こしょう …… 小さじ1

準備 りんごは皮つきのまま6等分のくし形切りにする。

※食べるときはりんごをとり出し、煮汁を強火にかける。煮立ってとろりとしたらりんごにかけて食べる。

How to

1 りんごを煮込む
なべにAを煮立て、りんごを加えて厚手のキッチンペーパーで落としぶたをし、弱火で20分ほど煮込む。

番外編 フルーツコトコト

コトコト時間別！ Index

※コトコト時間は、いためる、煮込むなどの加熱調理時間の合計の目安です。
材料を切る、下味をつける、つけ込むなどの時間は入っていません。

ちょいコトコト（30分以内）

15 min. — Wねぎのオイル蒸し煮 —— 28

20 min. — じゃがいもとにんにくの白いスープ —— 29
　　　　　　レタスシューマイ —— 45
　　　　　　ソーセージのシュークルート風 —— 46
　　　　　　いちじくのバニラコンポート —— 90
　　　　　　パインとオレンジの香りコンポート —— 92
　　　　　　りんごのきび砂糖煮 —— 92

25 min. — じゃがいもとたらの北欧風スープ —— 13
　　　　　　ピーマンと豚肉の甘酢いため煮 —— 21
　　　　　　カリフラワーとたっぷりねぎのミルクスープ —— 26
　　　　　　白菜とハムの蒸し煮 —— 36
　　　　　　アクアパッツァ —— 70
　　　　　　きのこたっぷり！クリーム煮込みパスタ —— 74

30 min. — まるごとなすと豚肉のこっくり煮 —— 10
　　　　　　れんこんとひき肉の辛みそ煮込み —— 14
　　　　　　塩肉じゃが —— 16
　　　　　　割りれんこんと鶏肉の塩麹スープ —— 18
　　　　　　焼き里いものごまみそ豚汁 —— 20
　　　　　　さつまいもとキムチのコチュジャン煮 —— 24
　　　　　　手羽先と卵のオイスターソース煮込み —— 30
　　　　　　かぶと押し麦のスープ —— 33
　　　　　　根菜と手羽元の塩煮込み —— 38
　　　　　　鶏肉とペコロスの粒マスタードクリーム煮込み —— 64
　　　　　　デミグラス煮込みハンバーグ —— 66
　　　　　　いわしとオリーブのトマト煮込み —— 72
　　　　　　炊き込みビビンパ —— 76
　　　　　　豚肉とかぼちゃのクリームシチュー —— 86
　　　　　　とろとろキャベツのボルシチ —— 87

ほどほどコトコト（35〜60分）

35 min. — 焼きつけふろふき大根とソーセージの煮込み —— 08
　　　　　　大根と鶏肉のエスニックスープ —— 15
　　　　　　ぶつ切りごぼうと豚肉のホワジャオスープ —— 19
　　　　　　ズッキーニとグリーンピースのタジン風 —— 40
　　　　　　いちじくと豚肉のタジン風 —— 44
　　　　　　骨つきチキンのビネガー煮込み —— 63
　　　　　　手羽元ととうがんの煮込み —— 65

40 min. ── パプリカと手羽元のバルサミコ煮 ── 17
まるごと玉ねぎと水菜のスープ ── 25
大根とにんじんのフレッシュトマト煮込み ── 43
牛すじ肉のピリ辛みそ煮込み ── 51
さんまのコンフィ ── 73
鶏ささ身入り五穀米と緑豆のおかゆ ── 77
大根の和風カレー ── 82

45 min. ── 牛すじ肉と長いものさんしょうおでん ── 50
塩豚ポトフ ── 58

50 min. ── 鶏もも肉のハーブトマト煮込み ── 60
タッカンマリ ── 62
ラムじゃがのドライトマト煮込み ── 68

55 min. ── 豚肉のシードル煮込み ── 56
欧風カレー ── 80
スパイシーチキンカレー ── 83

60 min. ── レンズ豆とベーコンのトマト煮込み ── 39
パプリカの肉詰め グラーシュ風 ── 69

じっくりコトコト（65分以上）

65 min. ── ごろごろにんじんとトマトのスープ ── 22
大根とちくわの昭和風おでん ── 32

70 min. ── ごぼうと牛肉のはちみつ黒酢煮 ── 12
スペアリブのアドボ ── 57
豚肉のプルーン煮込み ── 59

75 min. ── 牛すね肉とまるまるかぶのスープ ── 53

100 min. ── 半割り玉ねぎのトマト煮込み ── 27
牛すじ肉の香味野菜煮 ── 49

110 min. ── 牛すじ肉のオリエンタルラグー ── 48

125 min. ── 豚角煮 ── 54

130 min. ── 牛すね肉の赤ワイン煮 ── 52
濃厚ビーフシチュー ── 84

135 min. ── まるごと！ロールキャベツ ── 42

\コトコト／

著者 ——— 堤 人美
つつみ・ひとみ

料理家。出版社勤務のあと、料理家のアシスタントを経て独立。雑誌やテレビの料理番組、CMの料理制作、企業のレシピ開発のほか、スタイリングやフードコーディネートで活躍。自宅でも料理教室を開く。著書に『夜作らない晩ごはん』(新星出版社)、『砂糖いらずで体にやさしい甘麹のおやつ』(学研パブリッシング)ほか。

Staff

撮影	鈴木泰介
スタイリング	諸橋昌子
デザイン	細山田光宣+奥山志乃(細山田デザイン事務所)
校正	東京出版サービスセンター
料理アシスタント	中村弘子、植田有香子
撮影協力	ストウブ(ツヴィリング J.A. ヘンケルスジャパン株式会社)
	http://www.staub.jp/
	ル・クルーゼ ジャポン株式会社
	http://www.lecreuset.co.jp/
	アワビーズ、UTUWA
構成・文	松原陽子
編集担当	佐々木めぐみ(主婦の友社)

材料入れてコトコト煮込むだけレシピ

著者	堤 人美
発行者	荻野善之
発行所	株式会社主婦の友社
	〒101-8911
	東京都千代田区神田駿河台2-9
	電話 03-5280-7537(編集)
	03-5280-7551(販売)
印刷所	大日本印刷株式会社

■乱丁本、落丁本はおとりかえします。お買い求めの書店か、主婦の友社資材刊行課(電話03-5280-7590)にご連絡ください。
■内容に関するお問い合わせは、主婦の友社(電話03-5280-7537)まで。
■主婦の友社が発行する書籍・ムックのご注文、雑誌の定期購読のお申し込みは、お近くの書店か主婦の友社コールセンター(電話0120-916-892)まで。
＊お問い合わせ受付時間 月〜金(祝日を除く) 9:30〜17:30

主婦の友社ホームページ　http://www.shufunotomo.co.jp/

©Hitomi Tsutsumi 2013 Printed in Japan ISBN978-4-07-291210-2

®〈日本複製権センター委託出版物〉
本書を無断で複写複製(電子化を含む)することは、著作権法上の例外を除き、禁じられています。本書をコピーされる場合は、事前に公益社団法人日本複製権センター(JRRC)の許諾を受けてください。
また本書を代行業者等の第三者に依頼してスキャンやデジタル化することは、たとえ個人や家庭内での利用であっても一切認められておりません。
JRRC 〈http://www.jrrc.or.jp
eメール：jrrc_info@jrrc.or.jp　電話：03-3401-2382〉

せ-111004